一本书读懂薪酬管理

张志英　杨爱喜　著

中国经济出版社
CHINA ECONOMIC PUBLISHING HOUSE
北　京

U0961933

图书在版编目（CIP）数据

一本书读懂薪酬管理 / 张志英，杨爱喜著 . —北京：中国经济出版社，2021.4

ISBN 978-7-5136-6442-4

Ⅰ. ①一… Ⅱ. ①张… ②杨… Ⅲ. ①企业管理—工资管理 Ⅳ. ① F272.923

中国版本图书馆 CIP 数据核字（2021）第 055329 号

责任编辑　张梦初　陈宇慧　戴　瑛
责任印制　巢新强
封面设计　卓义云天

出版发行　中国经济出版社
印 刷 者　北京力信诚印刷有限公司
经 销 者　各地新华书店
开　　本　710mm × 1000mm　1/16
印　　张　17
字　　数　240 千字
版　　次　2021 年 4 月第 1 版
印　　次　2021 年 4 月第 1 次
定　　价　78.00 元
广告经营许可证　京西工商广字第 8179 号

中国经济出版社 **网址** www.economyph.com **社址** 北京市东城区安定门外大街 58 号 **邮编** 100011

本版图书如存在印装质量问题，请与本社销售中心联系调换（联系电话：010-57512564）

版权所有　盗版必究（举报电话：010-57512600）

国家版权局反盗版举报中心（举报电话：12390）　　服务热线：010-57512564

前　言

Preface

19世纪90年代末，西方管理学界正式出现了薪酬的概念，距今已有上百年的时间，但当下薪酬管理仍是一个世界性难题。为何会出现这种情况呢?

首先，作为人力资源管理体系中的一项关键性模块，薪酬管理也是对人的管理，同时涉及心理学、管理学、经济学等多门学科的知识，比单纯地对物进行管理要复杂得多。

其次，薪酬对社会、企业及员工都是非常敏感的问题。从社会视角上，薪酬是影响社会全体成员可支配收入的关键性因素。薪酬水平在很大程度上决定了社会整体消费水平，甚至很多人将薪酬视作衡量社会公平的重要指标。

从企业视角上，薪酬是企业的一项人工成本。管理人员会尽可能以最低的成本实现组织收益最大化。同时，薪酬管理还会影响员工工作态度、行为及绩效，进而影响企业整体绩效。

从员工视角上，一方面，薪酬是员工出卖劳动力后所得的回报，其水平影响着员工个人及其家庭的生存状况和生活方式；另一方面，薪酬是员工和企业间的一种心理契约。员工会将个人薪酬与他人薪酬进行对比，也会将实际获得的薪酬与自认为应该获得的薪酬进行对比。

最后，管理人员对薪酬管理认识不足及专业技能缺失、薪酬管理体制和企业战略脱轨等也是引发企业薪酬管理难题的重要因素。例如，当企业遭遇人才短缺、员工工作效率低下等问题时，很多薪酬管理人员仅是简单粗暴地通过加薪手段解决，但实施加薪策略后不但效果很不理想，反而进一步增加了企业的成本负担。

本质上，薪酬管理是在组织发展战略的指导下，对薪酬结构、薪酬水平、薪酬策略、支付原则进行确定、分配和调整的动态管理过程。如何使其成为激励业绩提升、有效配置资源、塑造和强化企业文化、支持组织变革、控制经营成本的管理工具，是所有企业共同面临的重大时代性课题，也是作者创作本书的出发点和着力点。

本书共分为八大部分，涵盖了薪酬管理的概念、基本理论、制度流程、体系建设与优化等，可以为企业日常薪酬管理提供有效支持与帮助。

第1部分是走进薪酬管理，系统介绍了薪酬及薪酬管理的概念，薪酬管理的权责归属，管理人员的岗位职责、工作细则以及薪酬管理在现代企业中的应用等。

第2部分是建设薪酬制度，主要分析了三种主流的薪酬制度，即岗位工资制、绩效工资制及年薪制，阐述了其定义、特征、内容、优缺点、实施条件及要点等。

第3部分是薪酬体系的设计流程，根据流程先后顺序逐一对岗位分析、岗位价值评估、薪酬调查、薪酬定位、薪酬结构设计、薪酬制定与实施进行阐述，既有理论探讨，又有工作方法、技术工具的介绍。

第4部分是薪酬成本管理，介绍了如何制定科学合理的薪酬预算，控制薪酬成本的模式、方法、技巧等以及实施薪酬调整的分类、工作思路、操作步骤、注意事项等。

第5部分是职工工资管理，包括工资计算与审核发放、个税计算、假期工资支付、奖金管理与分配等。

第6部分是典型岗位的薪酬管理方案，以研发、销售、财务、生产、行政五种常见的典型岗位为例，全面剖析了面向特定岗位的薪酬结构设计、管理要点、管理制度等。

第7部分是完善企业福利政策，详细介绍了企业福利项目分类、福利政策管理方案、弹性福利计划、面向不同人才的福利管理、福利成本控制、福利费用财会处理办法等。

第8部分是社保和公积金管理操作指南，具体包括企业社保管理基础知识、开户与销户的操作步骤、办理流程、补缴流程以及公积金开户程序与所需资料、增减员和补缴流程、提取办法、职工住房公积金管理制度等内容。

管理具有科学与艺术二重性，它既强调理论，又注重实践，薪酬管理也沿袭了这一特征。所以，本书既提供了丰富的理论知识，又分享了行之有效的方式方法、技术工具等，尤其是图表的大量使用，不仅对相关内容起到了很好的补充说明作用，还能使读者轻松阅读，增添版面的生动性，避免枯燥乏味。

本书在创作过程中，参考和借鉴了很多业内专家学者的研究成果，在此一并表示诚挚的感谢。通过对本书的学习，希望广大读者朋友对薪酬管理有一个全面、正确的认识，掌握薪酬管理的基本理论和各类方法与工具，灵活应对企业薪酬管理中的一系列难题。

目　录

Contents

CHAPTER 1 | 走进薪酬管理

1.1 如何认识薪酬管理

1.1.1 带你认识什么是薪酬

◆薪酬的定义

员工因向其所在组织提供劳务而获得的各种形式的酬劳被称为薪酬。薪酬受员工的态度、行为、业绩等与劳务密切相关的要素的影响，不仅包括工资、奖金、假期等外部回报，还包括决策权、晋升机会等内部回报。

外部回报也被称为外部薪酬，是员工由于雇佣关系而获得的自身以外的各种回报。外部薪酬又可细分为直接薪酬和间接薪酬，其中，直接薪酬是员工薪酬的关键组成部分，包括员工基本薪酬（如日薪、周薪、月薪、年薪等）、激励薪酬（如红利、绩效工资、利润分成等）；间接薪酬主要指福利津贴，包括公司为员工提供的公寓、免费工作餐、保险、带薪假期等。

内部回报也被称为内部薪酬，是员工心理上获得的回报。内部薪酬包括公司决策权、晋升机会、各类活动、更大的权力与责任、趣味性工作等。大部分内部薪酬都不是显性的，不像物质性的工资一般可以得到直接体现，但企业如果可以合理应用，同样可以对员工的工作效率和质量产生显著的积极影响。然而，很多企业在日常经营管理中，没有认识到内部薪酬的重要价值，不能使薪酬对员工产生很好的激励作用。

◆如何区分工资、薪酬、报酬

（1）工资。雇主或用人单位根据法律法规、行业规定、和员工的协议等，以货币形式向付出劳动的员工支付的报酬便是工资。工资是法律意义上的劳动者报酬，既是最基本的报酬形式，也是员工收入的重要组成部分。工资是有规划性的工钱，是向与公司有固定劳务关系的员工发放的、有时间规则的薪酬。

从以上分析中不难看出，工资有三大构成要素，即员工、发放时间规则和货币形式的薪资。工资和薪酬存在明显区别，从现代企业分配制度角度上，企业对人力资源（所有员工）实施的是工资制，而对人力资本（技术骨干、高管等）实施的则是薪酬制。

（2）薪酬。薪酬是一种企业报酬，包括直接货币报酬和间接非货币报酬。其中，直接货币报酬包括工资、奖金、红利、佣金等；间接非货币报酬包括保险、工作餐、福利等。薪是指薪水、薪资、薪金，是可量化的事物，公司以现金、物质形式给予员工的回报都属于薪的范畴，财务人员进行人工成本预算、核算工资时的数额就是典型的薪。

酬是指报酬、酬谢、报答，更偏向于精神层面的酬劳。部分企业给员工设置的工资水平明显超过同行业水平，但员工对企业并没有归属感，而且经常在私下吐槽公司的各种问题，损害了企业形象；部分企业的工资水平并没有足够的竞争力而且工作量大，但员工工作却非常积极，甚至主动加班。

为什么会出现这类情况呢？最为关键的一点就是企业在“酬”方面出现了问题，当企业不能为员工提供足够的酬，也就是精神层面的酬劳时，员工难以对企业产生归属感、荣誉感、满足感，认为自己和企业只是简单的利益交换，一旦他们在工作上遇到问题，很自然地会抱怨企业。

（3）报酬。通常意义上，报酬是完成某项任务而获得的酬劳，完成期限相对较短，是从个人获利角度上而言的，强调权利。而薪酬除了按劳动量提供回报外，还代表了一种雇佣劳务关系，雇佣双方签订了较长时间的劳动合同，强调权责对等。

1.1.2　如何对薪酬合理分类

从性质上看，薪酬由经济性薪酬和非经济性薪酬构成（见图1–1），而经济性薪酬又包括直接经济性薪酬和间接经济性薪酬。直接经济性薪酬是企业根据《中华人民共和国劳动法》（以下简称《劳动法》）等标准采用货币形式为员工提供的回报；间接经济性薪酬则以非货币形式提供给员工，可以为员工生活与工作带来便利，使其享受更高质量的生活等。非经济性薪酬是难以通过货币量化、能够为员工身心带来积极影响的回报。

◆直接经济性薪酬

普通员工获得的直接经济性薪酬通常有工资、奖金、津贴等，而技术骨干、高管除了获得这些回报外，还会获得职务消费、股权期权等，这也是其与普通员工的薪酬拉开差距的重要因素。

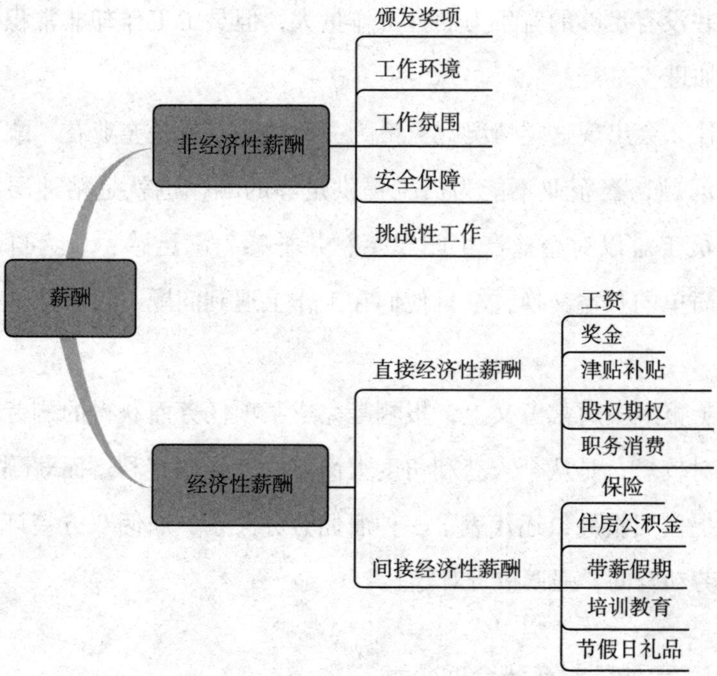

图1–1 薪酬构成

（1）工资。薪酬最主要的构成部分便是工资，不同企业采用的工资制度存在一定差异，主流的工资形式包括基本工资、计时工资、计件工资、岗位工资、绩效工资、技能工资、工龄工资、加班工资、薪级工资、职务工资、激励工资等。虽然工资形式非常多元化，但根据数额变动与否，整体上可以将其分为固定工资和浮动工资两大类。

顾名思义，固定工资是指在一定周期内数额固定的工资，如基本工资、职务工资、薪级工资等。而浮动工资是指在一定周期内数额根据考核结果变化而变化的工资，如计时工资、计件工资、绩效工资等。

（2）奖金。奖金是企业为员工的超额劳动或绩效提供的激励性回报，以鼓励员工提升工作效率和质量为目标，采用货币形式发放。奖金的奖励人数、标准、数额等都可以根据企业实际需要进行灵活调整。对于员工而言，获得奖金不仅意味着其能得到物质方面的回报，还表示其工作能力、品行操守等得到了组织的肯定。

（3）津贴补贴。津贴是一种企业为补偿员工在高温、高危、严寒等特殊条件下工作或生活成本提高而提供的补助。津贴补贴对促进薪酬公平有非常重要的作用，津贴补贴主要包括以下几种：

为补偿员工在特殊劳动条件下的劳动消耗而设置的津贴，如高温作业津贴、噪声作业津贴、矿山井下作业津贴等。

为补偿员工额外劳动消耗和额外生活成本支出而设置的津贴，如外勤津贴、山区作业津贴等。

为补偿有毒有害环境对身体健康造成的负面影响而设置的保健性津贴，如核电站危险作业津贴等。

为补偿员工提高自我知识与技能而付出额外成本设置的津贴，如培训津贴、学历津贴等。

为提高员工满意度、归属感而设置的生活福利性津贴，如通信补贴、住房补贴、交通补贴等。

补偿员工因物价变化而付出额外生活成本设置的津贴。

补偿性、针对性、灵活性是津贴补贴的三大特征，如表1–1所示。

表1–1 津贴补贴的三大特征

特征	描述
补偿性	津贴补贴本质上属于一种补偿性工资，通常是针对劳动环境和条件设置的，而不是针对劳动强度和质量
针对性	津贴补贴是针对特定环境和条件设置的，脱离了这种环境和条件便没有存在必要
灵活性	津贴补贴项目和数额可灵活增加或减少

（4）股权期权。股权期权是一种以股权期权为手段对激励对象进行长期激励的薪酬形式，它能够将激励对象利益和公司利益相统一，有助于发挥激励对象的主人翁精神，推动企业业绩的持续增长。

◆间接经济性薪酬

间接经济性薪酬以各种形式的福利为主，如“五险一金”、节假日慰问品、公共福利设施、员工培训等，可以为员工的生活与工作带来很多便利。

◆非经济性薪酬

非经济性薪酬可以在工作本身、员工价值实现等多个方面得到体现。例如：在工作本身方面，增加工作趣味性、挑战性，给予员工决策权，组织员工参加培训等都属于非经济性薪酬的范畴；在员工价值实现方面，颁发奖项、提拔晋升、提升社会地位等也属于非经济性薪酬范畴。随着人们生活水平与质量的不断提升，越来越多的优秀人才在择业时将非经济性薪酬作为重要参考因素，所以，为提高薪酬竞争力，企业应该重视非经济性薪酬，让员工收获更多的满足感、荣誉感。

1.1.3 薪酬管理到底管什么

薪酬管理是企业根据员工为企业付出的劳动而确定其薪酬总额、薪酬结构及薪酬形式的过程。为此，薪酬管理人员需要明确企业的薪酬水平、薪酬体系、薪酬结构，并制订薪酬计划，拟定薪酬预算，与组织成员做好薪酬沟通，对薪酬系统进行持续优化完善等。

薪酬管理在企业整体人力资源管理体系中扮演着非常关键的角色，也是企业人力资源管理的一个难点。这是因为企业薪酬体系要兼顾公平性、竞争性、合法性、激励性、有效性等因素，因而给管理人员开展工作带来了诸多困扰。在薪酬管理过程中，管理人员往往受人力成本、法律法规、劳动市场、企业发展战略等因素的制约。薪酬管理的主要内容如表1–2所示。

表1–2　薪酬管理的主要内容

序号	项目	内容
1	薪酬目标管理	薪酬既要满足企业发展需要，又应该迎合员工生存发展需要
2	薪酬水平管理	薪酬要兼顾内部一致性和外部竞争性，管理人员应该结合组织成员行为态度、知识技能、业绩表现等对薪酬进行持续优化，为不同部门、岗位的员工确定差异化的薪酬水平
3	薪酬体系管理	薪酬管理不仅要做好员工基础工资、绩效工资、奖金及福利的管理，更要做好帮助员工学习成长、满足其职业预期等方面的管理
4	薪酬结构管理	为组织成员确立清晰合理的薪酬等级，优化薪酬组合，设置科学的薪酬带宽等
5	薪酬制度管理	建立并完善薪酬管理预算、审计及控制体系，明确薪酬制度管理权责等

1.1.4　现代薪酬管理的主要特征

随着社会发展和市场环境的不断变化，现代企业薪酬管理的内涵越发丰富，其主要特征如图1–2所示。

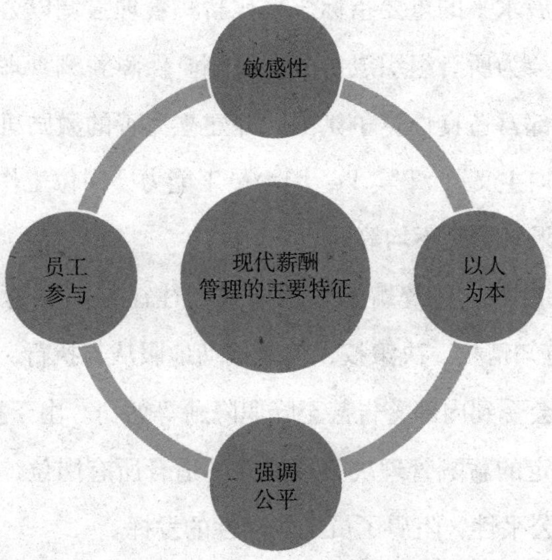

图1–2　现代薪酬管理的主要特征

（1）敏感性。在人力资源管理体系的诸多模块中，薪酬管理是一个非常敏感的模块，因为它涉及所有组织成员的切身利益。薪酬水平体现了个体在组织中的业务能力和综合素质，使员工倾向于通过薪酬来判断自身在组织中的地位，所以，员工普遍对薪酬较为敏感。与此同时，在消费升级背景下，人们追求更高的生活质量，从而进一步提升了人们对薪酬的重视程度。

（2）以人为本。人力资源是知识经济时代的一大战略性资源，拥有丰富人力资源储备的企业向来是市场竞争的最终胜利者。人是企业生存发展的主导者，所有企业都应该树立以人为本的薪酬管理理念，重视员工、尊重员工，为员工成长创造有利条件，这样才能吸引人才、留住人才、激励人才，使企业在激烈的市场竞争中占据领先优势。为建立以人为本的薪酬制度，薪酬管理人员需要从员工视角出发，洞察员工的真正需求，并结合企业的实际发展情况，对薪酬制度进行不断优化完善。

（3）强调公平。公平正义是人类文明的重要标志，是衡量一个国家或社会文明发展水平的重要指标。现代薪酬管理强调以公平的尺度、过程、规则及机会为所有组织成员分配报酬。保障薪酬管理的公平性，有助于在组织内部营造良性竞争氛围，并建立完善的激励机制。当然，这并非鼓励"平均主义"，事实上，因为员工能力、岗位工作内容等方面的差异，分配结果必然是不均等的。

（4）员工参与。传统薪酬管理模式，往往是高层管理者的"一言堂"，员工没有知情权、决策权，仅是被动地服从与执行，甚至提出合理意见的员工还会受到内部警告甚至降职降薪等惩罚。由于视角的局限性，高层管理者制定的薪酬管理决策可能并不适合所有岗位，导致薪酬制度缺乏激励性和公平性，阻碍了员工能动性的发挥。

为解决这些问题，现代薪酬管理必须认识到员工参与薪酬决策的重要价值，在制定薪酬战略和薪酬制度、设计薪酬方案等过程中，为员工提供参与决策的完善机制，使员工感受到企业对他们的重视和尊重。例如：在薪酬调整时，向需要调薪的岗位及关联性较强的岗位涉及的员工搜集意见，了解他们对薪酬调整的预期，然后，根据这种预期调整薪酬，确保员工对薪酬调整方案的接受度。

实践证明，员工参与薪酬决策，可以有效激发其对企业的责任感、使命感，使其在工作中爆发出更大的潜能，帮助企业抓住更多潜在的发展机遇。

1.2 薪酬管理各岗位职责

1.2.1 公司总经理的岗位职责

◆基本职责

对公司各项经营费用支出进行审核。

◆工作细则

（1）对公司的人力成本、薪酬总额、各部门及岗位薪酬水平进行宏观调控。

（2）对公司薪酬管理程序、薪酬管理组织机构及职责、薪酬管理策略等进行研究分析，指导相关人员对其不断优化完善，熟练掌握公司的薪酬等级、薪酬结构、薪酬制度等。

（3）制定公司薪酬管理基本原则。

（4）对薪酬管理制度及相关事务进行审批。

（5）确定公司薪酬总额。

（6）根据相关法律法规及企业发展需要，对公司基础工资进行调整。

（7）负责公司休假管理。

（8）对人力资源部提出的薪酬调整方案、激励政策等进行审查。

（9）对关键岗位的薪酬水平确定、调整进行审查。

1.2.2 公司总经办的岗位职责

◆基本职责

公司总经办需要为公司资金周转管理提供必要支持，比如及时准确地审核公司财务计划，结合公司资金运作实际情况，对周转资金进行合理配置，保障公司现金流的稳定性。

◆工作细则

（1）对各部门员工的薪酬管理、绩效考核工作进行监督指导。

（2）对各部门员工考核结果进行收集、整合与分析。

（3）根据绩效考核结果兑现方案完成归级。

（4）编制员工薪酬争议管理办法，接受、处理组织成员的薪酬复核请求。

（5）将公司薪酬管理委员会的审核结果提供给各部门，并及时将薪酬复核结果反馈给员工本人。

（6）维护公司数据库中的员工考核数据。

（7）负责薪酬管理的日常事务和制定修订解释工作。

（8）对相关薪酬数据进行收集、统计输入、汇总、保管和归档。

1.2.3 人力资源经理的岗位职责

◆基本职责

（1）全面分析公司整体薪酬情况。

（2）对公司各类资料及时有序归档。

（3）把握外部市场薪酬情况。

（4）了解各部门、岗位的薪酬基本情况，包括薪酬构成、岗位分级、薪酬分配形式等。

（5）了解公司薪酬预算执行情况，并通过分析各月薪酬预算执行情况掌握薪酬成本支出趋势，提出建设性薪酬调整方案。

（6）熟悉和薪酬、人事相关的制度与文件。

（7）解答和薪酬、人事相关问题，可以为所有组织成员有关薪酬、人事的问题提供准确、可靠、全面、专业的答案。

（8）对薪酬管理制度进行修订，定期完善公司的岗位薪酬、员工福利、考核管理办法等。

（9）根据公司薪酬管理实际情况，制定薪酬管理准则和行为规范，提高薪酬管理制度的系统性、科学性、可行性等。

（10）制订公司年度薪酬执行方案，确保薪酬激励效果。

（11）找到现行薪酬体系中存在的问题，并提供有效的解决思路，完善公司薪酬体系，引进先进的薪酬管理理念，提高公司薪酬管理水平。

◆工作细则

（1）制定月度薪酬预算，包括工资、社保、奖金、津贴、公积金等（预算结果误差应该控制在 ±10% 以内，超过该误差时，扣除责任人当月 5% 的绩效工资，如果因此引发劳动纠纷等问题，由高层决定处罚力度）。

（2）收集考核表，每月 4 日前完成对各部门上月考勤表的收集工作，并按照公司发布的《员工考勤管理办法》对考核表进行核查（核查结果不允许出现误差，出现误差后要扣除责任人当月 5% 的绩效工资，如果因此引发劳动纠纷，由高层决定处罚力度）。

（3）代扣代缴工会会费、住宿费及通勤费，每月 6 日前收集齐单位住宿费、水电费代扣表，并在每月 11 日前完成工会会费、住宿费、通勤费等费用的代扣代缴工作（不允许出现误差，出现误差后扣除责任人当月5%的绩效工资，如果因此引发劳动纠纷，由高层决定处罚力度）。

（4）核算月度薪酬，每月11日前完成岗位工资、加班工资、工龄工资等薪酬项目的核算工作，并通过财务部门的审核（核算误差应该控制在±2%以内，超过该误差扣除责任人当月20%的绩效工资，如果因此引发劳动纠纷，由高层决定处罚力度）。

（5）核算月度工资，每月18日前将《绩效考核成绩汇总表》（见表1–3）下发至各部门，21日前完成业绩工资汇总与核算，并通过财务部门的审核（核算误差应该控制在1%以内，超过该误差扣除责任人当月10%的绩效工资，如果因此引发劳动纠纷，由高层决定处罚力度）。

表1–3　某公司部门绩效考核成绩汇总表

序号	姓名	员工自评		考核人评分						绩效考核分数	拟推荐绩效考核等级	关键事项
				经理		副经理		总工				
		业绩	行为	业绩	行为	业绩	行为	业绩	行为			
1												
2												
3												
⋮												

制表人：

注：（1）部门负责人汇总部门普通员工的季度考核成绩时，请以员工的绩效成绩分数的高低顺序来录入。

（2）员工自评的数据仅供留存，绩效成绩分数以考核人的评分为依据进行核算。考核分值所占权重为：部门经理为60%，部门副经理、总工、项目经理为40%；若部门无副职，则部门经理的考核分值权重为100%。

（3）员工绩效考核评分实行“百分制”，其中业绩得分占80%，行为得分占20%。

（4）“制表人”由部门负责人签署。

（6）申报个人所得税，每月5日前完成上月个人所得税申报工作（不允许出现误差，出现误差扣除责任人当月5%的绩效工资，如果因此引发劳动纠纷，由高层决定处罚力度）。

（7）管理社会保险基金，每月10日前完成新入职和离职人员社保的增减工作，15日前完成社保基金申报和缴纳工作（不允许出现误差，出现误差扣除责任人当月5%的绩效工资，如果因此引发劳动纠纷，由高层决定处罚力度）。

（8）管理综合意外险，每月10日前完成新入职和离职人员综合意外险的增减工作（不允许出现误差，出现误差扣除责任人当月5%的绩效工资，如果因此引发劳动纠纷，由高层决定处罚力度）。

（9）缴纳住房公积金，每月20日前完成住房公积金的缴纳工作，以及新入职和离职人员的开户和封存工作（不允许出现误差，出现误差扣除责任人当月5%的绩效工资，如果因此引发劳动纠纷，由高层决定处罚力度）。

（10）核算岗位协力人员月度薪酬，每月3日前完成岗位协力人员上月考勤表，15日前完成岗位协力人员薪酬核算，并和劳务公司及时沟通（不允许出现误差，出现误差扣除责任人当月15%的绩效工资，如果因此引发劳动纠纷，由高层决定处罚力度）。

（11）和财务对账，每月28日前完成和财务部的对账工作（不允许出现误差，出现误差扣除责任人当月5%的绩效工资，如果因此引发劳动纠纷，由高层决定处罚力度）。

（12）更新台账，如果出现人员变动情况，应及时对岗位岗级台账、员工工号台账、员工工龄台账、员工奖金台账、各部门编制定员标准台账等进行更新，并将相关信息反馈给上级；如果未出现人员变动，每周自行检查台账（误差应该控制在±5%以内，超过该误差扣除责任人当月

5%的绩效工资）。

（13）做好个人月度总结工作，每月最后一个工作日前完成个人月度工作总结报告。

（14）完成上级安排的其他任务，高效完成上级分配的临时性任务，遇到困难时，要及时和上级沟通。

1.2.4 薪酬福利主管的岗位职责

◆基本职责

（1）协助上级完成薪酬、福利日常工作。

（2）参与制定公司薪酬福利政策决策，起草公司年度薪酬福利计划。定期搜集市场薪酬信息和数据，根据公司业务发展实际情况和市场水平制定薪酬调整实施办法。

（3）全面负责公司薪酬管理和绩效考核制度与流程的制定和实施，对各部门、岗位进行考核，对公司薪酬情况和市场薪酬情况进行调查，提高公司薪酬体系竞争力。

（4）设计并实施公司薪酬系统，对薪酬信息进行定期整理，确定适合公司发展实际情况的薪酬水平，制定公司薪酬分配政策，确保薪酬分配政策的公平性、合理性，搜集员工对薪酬的反馈意见，并解决员工薪酬问题。

（5）建立并实施公司绩效管理制度，制定完善的绩效考核制度，建立真正适合各岗位实际情况的考核指标和标准，监督跟进各部门绩效考核情况，及时解决绩效考核过程中的问题，公平、合理地应用考核结果。

（6）及时完成公司薪酬成本的分析报告。

（7）对公司月度工资报表进行审核，并按照公司规定发放工资。

（8）积极配合HR经理工作，协助各部门管理者配置人力资源。

◆工作细则

（1）制订薪酬福利管理工作计划，即根据HR经理分配的薪酬福利工作任务制订工作计划，并将计划及时向HR经理汇报，根据HR经理要求对计划进行完善。

（2）组织团队成员召开例会并合理分配工作。召开例会时，薪酬福利主管要向团队成员精准传达上级会议精神；分配工作时，薪酬福利主管要和组织成员充分沟通，向他们说明工作内容、时间要求、权责等。

（3）监督指导团队成员工作，为薪酬福利专员提供有效指导与帮助，例如：发现员工工作思路、方法等存在问题时，及时帮助他们纠正错误；发现员工工作态度不认真、徇私舞弊等问题时，应该严厉批评，并按照公司规章制度给予惩罚。

（4）对薪酬福利专员工作进行审核，具体包括：对薪酬福利专员提交的资料进行审核，并提出合理建议，并将最终修改完成的资料汇总；对薪酬福利专员每天提交的各种报表进行审核，发现错误及时纠正，并妥善保管完成修改的报表。

（5）向HR经理提交资料并汇报工作，具体包括：将薪酬福利管理资料提交HR经理进行审核；将完成审核后的工资报表提交HR经理进行审核；总结团队中存在的问题并反馈给HR经理；向HR经理汇报团队工作进度，以及薪酬福利管理问题，根据HR经理意见对工作方式方法进行调整（见图1–3）。

图1–3　薪酬福利主管的工作流程

1.2.5 薪酬福利专员的岗位职责

◆基本职责

（1）协助薪酬福利主管制定并发放薪酬福利。

（2）配合薪酬福利主管完成薪酬及考核体系建设与完善，制作工资报表，按时发放工资。为员工办理“五险一金”，根据公司薪酬政策开展考勤、休假管理。核实各部门提薪、降薪、调职调薪执行情况。对公司薪酬及绩效考核资料进行收集、整理、建档。

（3）协助薪资福利主管对薪酬福利方案进行完善。

（4）不定期对各部门考勤进行监督、检查，避免出现考勤作弊、造假等问题。发现问题后，按照公司有关规定进行处理，并向上级反馈。

（5）和绩效考核专员进行充分沟通，根据公司绩效考核方案具体要求，对绩效考核专员的考核工作进行审核，在规定时间内完成对各部门工资总额的核算。

（6）对公司后勤系统薪酬进行核算，并对各部门薪酬核算方案进行保存归档。

（7）督促各部门薪酬核算，确保各部门在规定时间内完成核算工作，并将核算结果提交给薪酬福利主管进行审核。对未能在规定时间内完成薪酬核算的部门，要及时向上级反馈，并按照公司有关规定进行处理。

（8）公司薪酬管理制度要求，将完成核算的工资表提交给主管领导进行审批，并及时和财务沟通交流，确保工资按时发放。

（9）和各部门员工进行充分沟通交流，获取其对自身薪酬情况的反馈意见，并整理反馈意见，最终反馈给薪酬福利主管。

（10）对公司所有工资表进行保存、归档，并做好工资保密工作。

（11）协助档案管理专员对员工档案进行管理。

（12）完成上级分配的其他工作。

◆工作细则

（1）按照薪酬福利主管分配的工作任务制订工作计划，并将工作计划提交给薪酬福利主管进行审核，听取薪酬福利主管提供的反馈意见。

（2）根据本岗位工作内容、要求等制订工作计划，并及时高效完成工作；和绩效考核专员进行充分沟通交流，对考核结果进行监督审核，做好工资报表。

（3）向薪酬福利主管提交资料、汇报工作，例如：对日常工作中的资料进行汇总，并提交给薪酬福利主管进行修改、审核；每日对自身工作中存在的问题进行总结反思；向薪酬福利主管汇报工作进度，并听取薪酬福利主管提供的意见（见图1–4）。

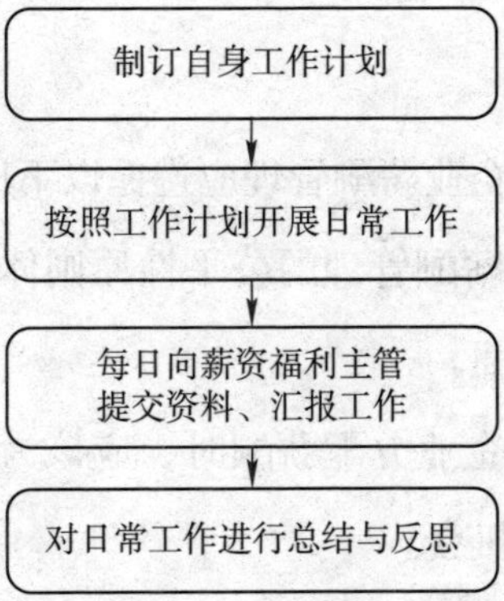

图1–4 薪酬福利专员的工作流程

1.3 薪酬管理在企业中的应用

1.3.1 企业薪酬管理目标与原则

◆薪酬管理目标

企业薪酬管理的目标主要包括以下几点。

（1）吸引、留住企业发展需要的优秀人才。企业的长期稳定发展离不开专业素质过硬的人才队伍，高水平的薪酬管理是企业吸引并留住优秀人才的重要保障。

（2）达成薪酬效率目标。薪酬效率目标是以适当的薪酬成本为企业创造最大的收益，这主要体现在以下两个方面：

从投入角度上，薪酬是企业的一项重要成本支出，使管理人员必须将薪酬成本控制在合理范围以内。

从产出角度上，管理人员应该确保薪酬为组织绩效创造最大化收益。

（3）产生激励作用。企业的稳定发展，离不开所有组织成员的共同努力。企业期望通过薪酬管理充分调动员工的积极性，使员工的潜能得到充分发挥。

◆薪酬管理原则

为实现上述目标，企业薪酬管理应遵循以下原则：

（1）公平性原则。薪酬管理的公平性原则体现在机会公平、过程公平、分配公平等多个方面。

第一，机会公平。企业分配薪酬时，应该为所有组织成员提供同样的参与机会和被选拔的机会。

第二，过程公平。企业制定薪酬决策时，决策人员依据的规章制度、模型方法等必须满足公平性原则，过程公开、标准明确、程序一致，符合道德伦理，避免员工产生偏见。

第三，分配公平。分配公平包括内部公平、外部公平及自我公平。内部公平是指同一家企业中，不同岗位的员工获得的薪酬应该和他们为企业贡献的价值成正比。外部公平是指同一地区、同一行业或同等规模的企业中的相同或相似的岗位获得的薪酬应该基本一致。自我公平是指员工得到的薪酬应该与其自身付出的劳动量成正比。

（2）竞争性原则。随着人们就业观念和家庭观念的变化，人才流动性进一步提升，企业想要建立一支长期稳定的人才团队，就必须制定富有竞争力的薪酬制度，确保企业的薪酬水平在劳动力市场中有较强的吸引力，在与其他企业竞争中获得优势。

（3）可调性原则。赋予薪酬较强的可调性，有助于提高员工工作积极性，推动企业业绩增长。之所以宽带薪酬模式得以广泛应用，最为关键的一点就是该模式可以适应企业战略动态调整的需要及劳动力市场上的变化，具有极强的可调整性。这种情况下，员工可以在组织内部横向流动，即便被安排到低层次的岗位，也能通过不断改善自身的绩效来获得较高的薪酬。

（4）与考核挂钩原则。薪酬设计应该和考核密切关联。很多企业的薪酬管理和员工绩效考核分属两个不同的部门，而且两个部门之间存在沟通壁垒，这导致薪酬管理专员和绩效考核专员不能进行充分的沟通交流，从而使企业薪酬的激励作用难以发挥，限制了员工自我成长及企业发展。为避免出现这种问题，企业应该将薪酬管理和考核挂钩，使员工的绩效考核结果体现在薪酬分配结果上，这样才能充分释放员工的潜能。

1.3.2 企业薪酬管理的发展现状

◆薪酬管理制度与企业文化相脱节

企业是一个有机的整体，企业文化是该整体的关键组成部分，在企业生产经营活动中的方方面面得以体现。脱离企业文化的企业制度与规范是没有生命力的，薪酬管理制度亦是如此。但很多国内企业在制定薪酬管理制度时，往往仅是从薪酬这一单一视角进行，而没有考虑企业文化，从而导致薪酬管理制度得不到组织人员的认可与支持。

当薪酬管理制度和企业文化脱节时，组织成员将很难理解薪酬管理制度在企业战略规划中扮演的角色，也不了解薪酬管理对个体和组织发展的重要价值。

◆薪酬体系不合理

（1）薪酬调查范围和深度不足，不能为企业薪酬体系设计提供必要的数据支持。很多企业进行薪酬调查时，通常仅是简单地调查有限的几个岗位，而且获得的信息不全面、缺乏时效性，从而降低了企业薪酬水平的科学性。

（2）岗位评估体系不完善，不能使企业建立合理的岗位序列。企业应该通过完善的岗位评估体系确定岗位价值和薪酬等级。但在薪酬管理实践中，很多企业的岗位等级是根据高层管理者的主管意愿设置的。例如：技术出身的管理者认为技术岗位很重要，所以为岗位定级时，明显提高了技术岗位的等级；研发出身的管理者没有意识到售后服务的重要性，为售后岗位定的级别较低，导致企业不能招募合适的人才；等等。

◆薪酬支付缺乏公开性、透明性

部分企业以发红包的形式向员工秘密支付薪酬，逐渐在组织内部形成了“模糊薪酬制”，这很容易引发员工的猜忌、攀比。因为人们习惯于将自己未拥有的东西想象得完美无瑕，而忽略其缺陷。反映在薪酬方面，就是人们总是高估他人的薪酬，低估自己的薪酬。当员工发现能力不如自己的人获得比自己更高的薪酬时，其工作积极性将明显下滑，甚至认为自己没有得到公司的尊重而离职。

◆奖金奖励和福利保险计划缺乏柔性，起不到激励作用

很多企业给员工的奖金等激励措施已经很难发挥激励作用，因为它们逐渐成了一种固定附加工资，奖金项目、数额、发放周期等固定化，

不能体现公平性、公正性，也不能激发员工的工作热情。与此同时，在福利保险管理方面，企业长期采用传统的福利保险计划，为员工提供统一的福利保险。表面上，为员工提供统一的福利保险是公平的，但它未必符合员工的真正需求，最终导致企业付出了较高的成本，却无法得到员工的认可。

1.3.3 企业薪酬管理的三大误区

◆对薪酬管理作用缺乏足够认识

在企业整体管理流程视角上，薪酬管理是企业人力资源管理的末端环节。企业要先完成岗位分析、岗位价值评估、绩效管理等人力资源管理职能后，才能展开很多薪酬管理工作。薪酬分配是一个过程，企业实施薪酬管理并非简单地为了“分蛋糕”。

企业基于员工创造的价值开展薪酬管理，而薪酬管理中的薪酬分配标准、分配方式、分配规则、分配结果等诸多内容，又会反作用于组织成员的价值创造。简单地讲，企业薪酬分配标准、方式、分配结果等，会影响员工的工作态度、工作效率，可能激发员工更为强烈的创新意愿，也可能导致员工消极懈怠。

这种情况下，很多国内企业将薪酬作为激励组织成员的唯一手段，崇尚“重赏之下，必有勇夫”，认为只要为员工支付足够的薪水，就能解决人力资源问题，例如通过加薪就可以引进外部优秀人才、留住经验丰富的老员工、提高员工工作效率等。长此以往，企业遇到人力资源问题时，往往首先想到的便是加薪。

但事实上，加薪不是万能的，盲目加薪只会提高企业的人力成本，拖垮企业现金流。特别是对那些受过高等教育的员工，很多情况下，加薪对他们的作用并不明显。在劳动力市场中，有很多人为了实现自我价值、追求更加适合自身的企业文化等而辞去高薪工作，转而前往薪酬水平较低的中小企业。

◆薪酬结构零散，基本薪酬的决定基础混乱

很多企业向员工发放的工资表上，工资构成项目有七八项甚至十几项，令人眼花缭乱。之所以出现这种情况，最为关键的一项因素就是该企业的薪酬体系设计过于机械化，认为影响薪酬的因素都应该成为薪酬项目，从而造成了工资表上岗位工资、技能工资、生活补助费用等大量项目并存的情况。

在复杂的薪酬结构中，管理人员往往为了所谓的公平，而将一些和薪酬项目本身关联不大甚至没有关联的岗位联系起来。同时，因为薪酬结构非常复杂，使员工很难找到影响薪酬水平高低的关键因素。员工不知道为什么自己的薪酬和其他组织成员薪酬存在较大差距，也不知道朝着什么方向、采用什么方式来提高自身的薪酬，更不用说理解薪酬和企业战略之间的关系等。

从当前国内企业的薪酬管理实际情况来看，企业对生产、管理、事务类的员工采用岗位工资制是相对合理的，但在岗位设置和价值评估方面存在一定的问题。

一个普遍存在的情况是，很多国内企业更多是将行政级别或人员类别作为薪酬水平的重要参考依据，而不是基于岗位分析和岗位价值评估后确定的岗位序列。

例如，很多企业为各部门经理设置基本一致的薪酬，因为他们属于同一行政级别，但这违背了薪酬分配公平原则。事实上，不同部门的经理虽然属于同一行政级别，但他们的工作能力、承担的工作压力、对企业的价值贡献等存在明显不同，如果为他们发放数额差别不大的薪酬将使付出更多劳动的经理产生不公平感。

技术类岗位比较适合技能工资制，即根据岗位所需的技术类型、复杂性等决定其基本薪酬。但企业在对技术类岗位实施技能工资制时，应该确定科学合理的技能等级以及完善的岗位技能评估方案，不能“论资排辈”，否则只会让那些优秀的技术人才外流。

虽然我国建立了职称评估系统来界定技术人员的技能等级，但其结果应该是薪酬水平参考依据之一，而不是唯一的参考依据。企业应该建立真正适合自身的技能等级评估标准，并根据市场环境和企业发展需求对该标准进行不断优化完善。

◆薪酬系统的激励手段单一，激励效果较差

目前，很多企业对员工进行薪酬激励时主要通过绩效加薪和发放奖金来实现。绩效加薪是参考劳动力市场薪酬水平，依据员工绩效考核结果、部门业绩、企业整体业绩等，适当提高员工的基本薪酬。发放奖金则是为使员工在一定时间内保持良好的工作态度、较高的工作效率、较高的业绩、较高的出勤率等设置的奖励，并期望员工继续保持这种状态。

这两种激励方式的一大差异就是，绩效加薪会提高员工的基本薪酬，长期影响企业的薪酬成本；而发放奖金则属于一次性支付，对薪酬成本的影响仅限于此次薪酬支付。

从实践经验来看，虽然企业绩效加薪每次基本薪酬增加的幅度相对较小，但经过几次加薪后，往往使企业在不知不觉中承担较高的人力成本压力。同时，组织成员对企业逐渐加薪的做法也会习以为常，而将加薪作为他们拥有的一项权利，而不是企业的激励措施。所以，从控制薪酬成本的角度上，企业可以在员工表现优异时，为员工发放适当数额的奖金。

1.3.4 加强薪酬管理的对策建议

◆企业薪酬制度要与企业发展战略紧密联系

企业薪酬制度需要和企业战略规划相一致，能够推动企业战略的落地。优秀的薪酬制度可以向所有组织成员传递这样的信息——组织鼓励员工朝着什么方向努力，员工应该成为怎样的人才等。

薪酬制度对企业战略具有不可取代的支持性作用，它和企业战略的联系越紧密，员工也就越容易理解企业战略，并找到自身应该在企业战略实现过程中扮演的角色。和企业文化、核心技术等因素类似，完善的薪酬制度也是企业核心竞争力的重要组成部分，可以提高企业的内部凝聚力和外部竞争力，促使企业实现基业长青。

◆薪酬体系设计要科学化

以薪酬体系设计的一大基础性工作——明确薪酬调查对象为例，薪酬管理人员应该用更加科学合理的方法搜集并统计数据，确保数据的时效性、真实性、全面性。选择薪酬调查对象时应该选择和企业存在较高相似度的企业，获取其薪酬结构、岗位分级、薪酬增长、激励措施、未来薪酬趋势预测等各种数据。

在设计薪酬体系过程中，企业需要结合自身的组织结构、行业性质、支付能力、地理位置等因素进行综合考量。打造完善的岗位评估系统，将岗位知识技能、工作环境、工作强度、任职资格等指标纳入评估系统之中，根据评估结果确定岗位级别和薪酬水平，而不是根据行政级别和人员类别分配薪酬。

◆打造公平的薪酬制度

打造公平的薪酬制度是薪酬管理的一项重要工作，为了提高员工对薪酬制度的公平感，薪酬管理人员应该将精准、真实的薪酬信息及时传递给员工。向员工详细说明确定岗位等级、薪酬水平、薪酬分配方案等的依据，减少员工的猜忌和私下议论，使员工更为全面、客观、真实地认识企业的薪酬制度。

◆建立灵活的奖励和福利保险制度

建立灵活的奖励和福利保险制度能够给企业带来多个方面的优势。

（1）打破奖励和员工行政等级之间的关系，使员工意识到即便处于较低的行政级别也能获得较高的奖励，而处于较高行政级别的员工如果不努力工作将不会获得奖励，从而真正发挥奖励的激励作用，避免出现企业高层养尊处优、消极懈怠的不正之风。

（2）根据员工绩效表现，对奖励数额进行实时调整，帮助企业更好地控制薪酬成本。

（3）建立和员工工作业绩相关的福利保险制度，根据员工一定时期内的绩效考核结果确定福利保险档次，在组织内形成精研业务、力争上游的良好氛围，避免“大锅饭”现象。

（4）打造自助式福利保险体系，使组织成员根据自身的需要灵活选择福利和保险方案。这不仅可以提高员工对企业的满意度和忠诚度，还能提高企业资金利用效率，减少资源浪费。

CHAPTER 2 建设薪酬制度

2.1 岗位工资制

2.1.1 认识岗位等级工资制

岗位工资制是以员工在生产工作中的岗位确定工资标准，并根据岗位责任制完成情况进行薪酬支付的工资制度。岗位工资制比较适合专业化程度高、分工精细、工种相对单一，生产连续性强，对同一岗位员工技术要求差距较小的产业和工种以及部分职责明确、没有技术要求的工种。岗位等级工资制和岗位技能工资制是两种较为常见的岗位工资制。

岗位等级工资制根据岗位特征和岗位劳动确定薪酬水平。具体思路为：根据员工在生产工作中的岗位明确工资标准幅度，然后根据岗位技术复杂度、劳动复杂度、职责情况等对各岗位工资标准进行分级，并据此进行薪酬支付。岗位等级工资制既考虑了不同岗位的劳动差异，也考虑了相同岗位不同劳动者技术能力和劳动贡献的差异。

在岗位等级工资制中，员工想要提高薪酬水平，必须在更高级别岗位上工作，而更高级别的岗位对技术能力、操作熟练度、承担的责任等提出了更高的要求，员工必须满足这些要求才能上岗。

岗位等级工资制又可以细分为“一岗一薪”制和“一岗数薪”制。

（1）“一岗一薪”制要求在同一个岗位上工作的员工采用同一个工资标准。按照岗位工资标准从低到高的顺序对岗位进行排列，便形成了企业的岗位工资标准体系。新员工入职时，采用“试用期”或“熟练期”的方式来体现其薪酬水平和老员工的差异性，凡是试用期过后通过考核者，便可享受和该岗位老员工同样的工资标准。

“一岗一薪”制的优势包括：简化薪酬结构，降低企业薪酬成本；岗位调整即意味着薪酬调整，方便薪酬管理工作，也可以对员工产生较好的激励作用等。

（2）“一岗数薪”制要求在同一个岗位内设置多个工资标准，从而体现各岗位内部不同员工的劳动差异。大型企业岗位数量较多，为每一个岗位都设置一个工资标准，需要付出较高的成本，而且对后续薪酬支付、调整等也造成较大负担，而通过对相同或相似岗位进行归类、归级便能有效解决该问题，但这会导致同类或同级岗位劳动存在一定差异。

为保障薪酬分配公平，有的企业对同类或同级岗位分档，劳动量和贡献价值高的员工便被分到更高的档次，执行更高的工资标准。不难发现，这种解决方式比较适合那些岗位划分较粗，岗内技术、责任、劳动等存在一定差异的企业。

部分企业则选择通过延长熟练期，来为岗内劳动存在差异的员工设置不同的工资标准。比如，员工进入某个岗位后，第一年获得岗位最高工资标准的60%，第二年则获得岗位最高工资标准的70%，依此类推，第五年考核通过后便可获得岗位最高工资标准的100%。此外，对于一些勤学上进、进步较快的员工，可以向公司考核委员会申请提前认证，考核通过后，可以提前获得岗位最高工资。

2.1.2 认识岗位技能工资制

岗位技能工资制是一种以基本劳动要素（包括劳动技能、劳动责任、劳动条件、劳动强度等）为评价依据，以岗位工资和技能工资为主要内容，根据员工实际劳动量（包括劳动数量和劳动质量）进行薪酬支付的多元组合工资制度。

岗位技能工资制将员工收入和企业业绩相关联，在我国国有企业工资制度改革中得到了广泛应用。它帮助国有企业打破了根据行政机制确定员工薪酬的计划经济模式，形成一种更为市场化、与现代企业制度相契合的工资制度。

岗位技能工资制强调按劳分配，有助于增强企业对薪酬的整体控制，是很多企业的主体分配制度。采用岗位技能工资制的企业，需要建立岗位劳动评价体系。岗位劳动评价由劳动技能评价、劳动责任评价、劳动强度评价和劳动条件评价四大要素构成，如图2-1所示。

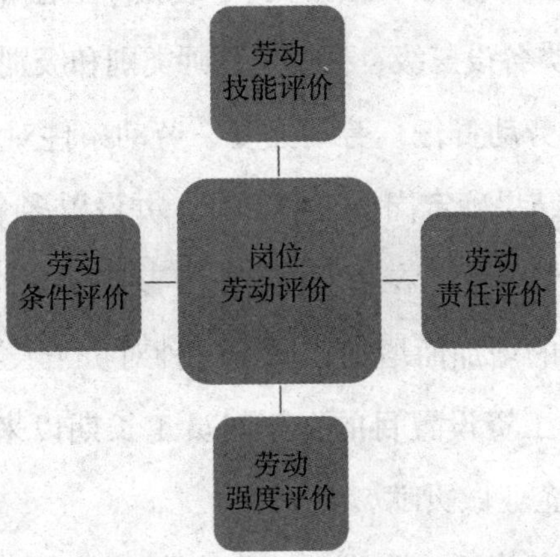

图2-1 岗位劳动评价的构成要素

企业通过对不同岗位的劳动要素进行评价，明确劳动差异，并据此确定不同岗位的工资标准。为了提高评估精准性，企业还需要对劳动要素进行拆解细化，得到一系列子要素，并在此基础上形成岗位劳动评价指标。

（1）劳动技能要素评价，可以体现出不同岗位对员工知识技能的差异要求，主要评价指标有学历、工作经验、工作能力等，如根据学历评价要素，员工学历可以分为高等学历、中等学历、初等学历和文盲。

（2）劳动责任要素评价，可以体现出不同岗位对员工承担责任的差异要求，主要评价指标有质量、耗材、数量、安全、卫生等。

（3）劳动强度要素评价，可以体现出不同岗位对员工负荷强度的差异要求，主要评价指标有工作姿势、工作紧张程度、疲劳程度等。

（4）劳动条件要素评价，可以体现出不同岗位对员工生理、心理的危害、危险程度，以及工作环境和工作班次对员工生理、心理的危害、危险程度，主要评价指标包括温度、噪声量、危险度等。

岗位技能工资制通常被作为企业的基本工资制度，其工资单元包括技能工资和岗位工资两种。其中，技能工资通常是和劳动技能要素相对应，根据岗位技能及员工技能水平确定工资标准。以软件工程师为例，企业通常将软件工程师分为高级软件工程师、中级软件工程师、低级软件工程师三大类，然后每一类各设三级，根据工程师类别和级别进行薪酬支付。

岗位工资则与劳动责任、劳动强度、劳动条件对应，主要根据这三种劳动要素的评价结果确定岗位工资标准，并设置多个档次。

第一，年功工资单元。在企业内部，年功工资通常被称为工龄工资，它随员工工作年限的增加而增加，属于一种对员工长期为组织做贡献而提供的奖励。年功工资设置目的在于对员工长期以来的贡献表示肯定，并鼓励员工继续为企业做贡献。

第二，绩效工资单元。绩效工资是随员工绩效、部门绩效及企业绩效变化而改变的工资，有助于激励员工为获得更高绩效工资而提高工作效率和质量。

第三，特殊工资单元。津贴补贴就属于一种常见的特殊工资单元，满足了员工在特殊工作环境和工作条件下工作的求偿心理。

为了确保岗位技能工资制在企业内部得以长期稳定运行，薪酬管理人员需要建立一套成熟完善的岗位技能工资运行机制，包括工资标准调整机制、正常增资机制、岗位工资动态管理机制、工资结构调整机制等。

2.1.3 岗位工资制的优缺点

◆优点

任何事物都有两面性，岗位工资制也是如此，那么，岗位工资制又有什么优缺点呢？首先，我们来看其优点，具体而言，岗位工资制的优点如图2–2所示。

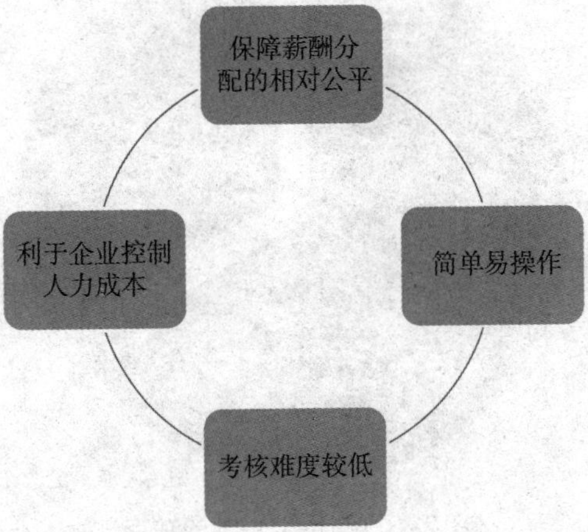

图2–2 岗位工资制的优点

（1）保障薪酬分配的相对公平。规范化的岗位分析和岗位价值评估，是实施岗位工资制的重要基础，而岗位分析和岗位价值评估迎合了“以岗定薪”的现代薪酬管理理念，有利于实现薪酬分配公平。

（2）简单易操作。岗位工资制给出了各岗位的工资标准，使员工可以快速理解并接受，从而降低了薪酬沟通难度，为开展薪酬管理工作带来诸多便利。

（3）考核难度较低。岗位工资制明确了各岗位的工作内容、任职资格、权力和责任等，有利于开展绩效考核工作。

（4）利于企业控制人力成本。岗位工资制确定了明确的标准工资、岗位等级等，使薪酬管理人员可以快速高效地确定薪酬成本。同时，岗位工资制没有向超出岗位要求的知识技能等支付薪酬，可以帮助企业有效降低薪酬成本。

◆缺点

岗位工资制的缺点如图2–3所示。

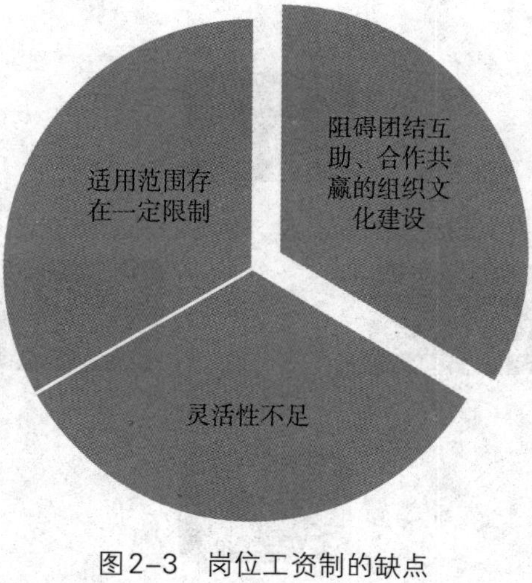

图2–3 岗位工资制的缺点

（1）阻碍团结互助、合作共赢的组织文化建设。岗位工资制明确了各岗位的权力和责任，这就使得员工在日常工作中，通常仅关注本岗位的工作，而忽略了团队沟通协作，这对企业打造协同合作、共创共赢的组织文化是非常不利的。

（2）灵活性不足。岗位工资制给出了各岗位具体的工资标准数额，这些数字会在员工心中留下深刻印象，从而对薪酬管理人员开展薪酬调整等工作带来不便。

（3）适用范围存在一定限制。岗位工资制不适用知识密集性，以及对工作经验要求较高的岗位，比如设计师、律师、战略顾问等。因为这些岗位的不同员工为企业创造的价值可能存在较大差异，如果为其设置相同的工资标准，将违背薪酬分配的公平性。

2.1.4 岗位工资制的制定步骤

制定岗位工资制是一个长期的系统工程，岗位工资制的制定步骤如表2-1所示。

表2-1 岗位工资制的制定步骤

序号	步骤
1	基于岗位分析，初步确定岗位类别。这需要对企业各工种、岗位的工作内容、工作性质、任职资格等进行分析，将相同或相似的岗位归为一大类，比如：某设备制造商将公司岗位分为制造、机械加工、组装、后勤四类，某车间将岗位分为车床、铣床、刨床、磨床、镗床五大类等
2	实施岗位劳动评价，确定岗位序列。根据劳动技能、劳动责任、劳动强度、劳动条件等劳动要素指标对各岗位所需要的体力、智力等进行量化，从而体现出不同岗位对组织的相对价值。然后，基于岗位劳动评价结果，制作岗位序列
3	根据岗位序列，确定各岗位工资标准： （1）明确最高岗位和最低岗位的工资标准比例关系，需要考虑最高岗位和最低岗位的劳动差异、最低岗位工资标准、最高岗位工资标准、企业的支付能力、员工的工作量、员工年龄结构等多种因素。 （2）明确其他岗位的岗差系数
4	将现有员工按照工资标准进行企业薪酬模拟，根据模拟结果对出现问题的地方进行纠正，平衡不同部门、岗位之间的利益关系，减少因薪酬分配造成的摩擦和矛盾

续表

序号	步骤
5	制定各岗位的考核标准，考核指标体系应该涵盖各岗位的工作技术要求、操作规范、权责及任职资格等。与此同时，根据各岗位的工作特征，灵活采用工资形式，比如浮动工资、计件工资等。此外，提高企业的人力资源管理水平，完善企业规章制度，为岗位工资制的运行提供有效支持

2.2 绩效工资制

2.2.1 绩效工资制的主要特征

绩效工资制是一种从计件工资制发展而来的工资制度，它突破了计件工资制简单地将员工产出量和工资挂钩的传统模式，采用了更为科学合理的工资标准和管理程序。

将员工个人业绩和薪酬收入相关联，是企业绩效工资制度的主要特征之一。和计件工资制仅考虑员工的实物产出，即产品的数量和质量相比，业绩有着更为丰富的内涵，既包括员工的实物产出，也包括员工对企业的无形贡献。在绩效工资制中，员工获得的基本工资、奖金、福利等是一个有机整体。

绩效工资制度最早可以追溯到科学管理之父——弗雷德里克·温斯洛·泰勒（F.W.Taylor）于1895年提出的差别计件工资制。经过上百年的发展，绩效工资制已经在世界范围内得到广泛应用。“多劳多得、优绩优酬”是绩效工资制的核心理念。20世纪90年代，国内企业开始广泛采用绩效工资制度。

和其他工资制度相比，绩效工资制的典型特征如表2-2所示。

表2-2　绩效工资制的典型特征

序号	特征
1	将员工工资和可量化的业绩相关联，建立了将企业战略目标和员工个人业绩融为一体的激励机制
2	将薪酬分配向高业绩者倾斜，可以提高企业经营效率，降低企业人力成本
3	有助于打造积极向上的团队文化，提高组织内部凝聚力和外部竞争力

在实践过程中，由于绩效工资制鼓励员工取得高绩效，而高绩效和低绩效的员工之间往往会出现较大的收入差距，可能会引发部分员工为提高收入而瞒报业绩的情况。所以，想要确保绩效工资制得以稳定落地，企业必须建立完善的绩效考核机制，对员工业绩进行精准考核。

2.2.2　绩效工资制的主要内容

员工个人业绩是确定绩效工资的主要依据，这也决定了绩效评估是绩效工资制的核心内容。绩效评估可分为主观评估和客观评估两大类，其中，主观评估是指管理人员基于对员工日常行为、态度等观察而得出的个人主观判断；客观评估则是采用完善的评估体系对员工业绩进行系统性、客观性评估。那么，如何对员工个人业绩进行精准客观评估呢？

◆评估目标及其制定原则

绩效评估的目标不仅是为薪酬支付提供参考依据，更是对员工贡献的肯定，可以让员工更为深入地认识自身在组织中扮演的角色，激发其活力和创造力。在制定员工绩效评估目标时，企业必须坚持表2-3所示原则。

表2-3 员工绩效评估目标的制定原则

序号	原则
1	所有组织成员基本认可评估目标，这要求企业在制定员工绩效评估目标时，必须进行广泛充分的内部沟通
2	保障评估目标的客观性、公平性、公正性，对存在争议的内容要进行研究论证
3	针对业绩优秀的组织成员，不仅要提供经济性激励，还应该提供培训、发展机会等非经济性激励
4	针对业绩一般或较差的组织成员，要帮助他们找到并改正问题，引导他们为企业创造更多的价值

◆评估要素的选择

选择绩效评估要素时，应该注重要素的代表性、全面性、可操作性，这不仅可以真实地反映评估对象业绩，还能降低评估人员的评估难度和时间成本。选择评估要素时，工作人员要做好以下几点：

（1）适应评估方式方法，降低评估成本。

（2）避免选择那些缺乏代表性的要素。

（3）评估要素应该是具体的、可量化的。

在对大量案例进行深入分析的基础上，可以发现，国内外企业界常见的员工绩效评估要素包括岗位知识技能、岗位流程了解程度、工作态度、质量/服务意识、处理问题的能力、创新能力、管理能力、出勤情况、安全生产意识等。

◆评估方式和实施条件

企业绩效评估方式非常多元化，不同企业可能采用差异化的评估方式，不过无论选择何种评估方式，都要注重规范化、流程化、步骤化，同时，打破形式主义，避免为评估而评估。

为了确保绩效评估得以真正落地，企业还应该具备表2-4所示实施条件。

表2-4 员工绩效评估的实施条件

序号	条件
1	薪酬区间范围合理，各级薪酬存在足够差距
2	确立科学合理、公平公正的绩效考核标准
3	为和绩效考核相匹配的企业文化提供支持，形成激励先进、鞭策落后、共同进步的组织氛围
4	绩效评估被纳入企业战略规划之中，有足够的人力、物力等资源保障

2.2.3 绩效工资制的适用范围

所有组织成员的绩效可以被客观、公正考核评价以及绩效工资对员工有较强的吸引力，是绩效工资制可以在企业内部得到落地应用的重要基础。

绩效工资制运行效果除了受企业经营管理水平、绩效工资体系及考核评价体系设计影响外，还会受到企业所在行业、组织文化、企业规模等因素影响。实践证明，以下几种情况比较适合采用绩效工资制，如图2-4所示。

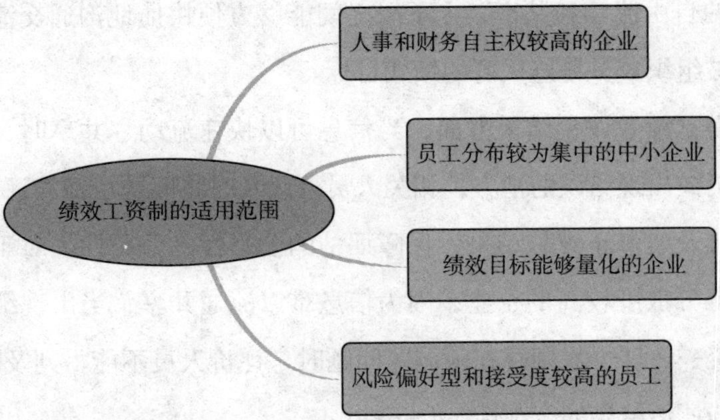

图2-4 绩效工资制的适用范围

（1）人事和财务自主权较高的企业。从绩效工资制度设计环节来看，当企业具备人事、财务管理方面的较高自主权时，管理人员便可以结合企业实际情况，有针对性地设计出更加适合组织需要的绩效工资制度，大幅度提升企业的薪酬管理水平。

从绩效工资制度实施环节来看，当企业具备人事、财务管理方面的较高自主权时，可以进一步强化绩效工资制度的实施效果。因为在采用绩效工资制的企业中，高绩效者将获得较高的绩效工资以及更大的晋升空间，此时，如果企业拥有较高的人事、财务管理自主权便可以满足高绩效者的这些需求。

比如大型企业分公司的人事、财务管理可能受到集团总部的制约，从而难以为高绩效的组织成员提供足够的绩效激励，进而引发人才流失等问题。

（2）员工分布较为集中的中小企业。确定科学合理的绩效目标、得到客观公正的绩效评价结果，都需要获得系统性、全面性、时效性、真实性信息。在确定绩效目标方面，员工分布较为集中的中小企业可以实现信息的自由流动和共享，上下级之间能够方便快捷地沟通交流，以便制定出被组织成员普遍认可的绩效目标。

在得到绩效评价结果方面，当信息可以快速流动、共享时，对于评估不准确或出现错误的地方，相关人员可以及时将问题反馈给评估人员，从而使其及时修正评估结果，保障评估的公平性、公正性。对于规模较大、员工分散度较高的企业，因为信息难以流通共享，当出现绩效评价标准不统一、评价规则存在漏洞等问题时，评价人员不能得到及时反馈，从而影响评估结果的客观性、公正性。

（3）绩效目标能够量化的企业。员工绩效可以被量化考核是企业应用绩效工资制的基础和前提。通常情况下，工作内容较为单一且独立性较强、绩效目标可被量化的企业，应用绩效工资制度往往可以有良好表现。这和企业所在行业与主营业务、员工岗位职责与工作内容存在直接关联。

企业所在行业与主营业务将直接影响绩效目标的可评价程度，例如：与环保行业相比，医疗卫生行业的企业更容易制定具有较高可评价程度的绩效目标；与以科技研发为主营业务的企业相比，以生产和销售为主营业务的企业更容易制定具有较高可评价程度的绩效目标。

员工岗位职责与工作内容也会影响绩效目标的可评价程度。在员工岗位职责清晰明确、工作内容相对独立的企业中，实施绩效工资制度可以有效提高绩效效果，而在重视协作性、工作内容关联度较高的企业中，即便设置了较高的绩效奖励，员工绩效也很难产生明显的提升效果。

（4）风险偏好型和接受度较高的员工。绩效工资制度能否真正落地，并非单纯地由企业决定，员工对风险的接受度也会影响其实施效果。实践证明，风险偏好型员工热衷于接受挑战，愿意为高薪酬而冒险，对这类员工实施绩效工资制度往往有良好效果；风险厌恶者追求稳定，不愿承受风险，对这类员工实施绩效工资制度，不仅不会产生预期效果，还会造成员工流动性提升等负面影响。

2.2.4 绩效工资制的优缺点

◆绩效工资制的优点

和岗位工资制一样，绩效工资制也有其优势与不足。具体来看，绩效工资制的优点如图2–5所示。

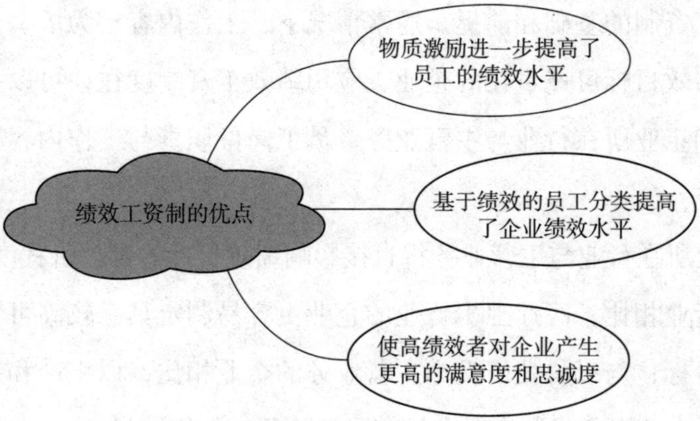

图2–5　绩效工资制的优点

（1）物质激励进一步提高了员工的绩效水平。金钱是人们得以生存并享受较高生活质量的重要保障，大部分情况下，企业为员工提供丰厚的物质激励时，通常可以对其产生明显的激励效果。Locke等进行的一项调查活动显示，为员工提供物质激励时，其产量提升幅度约为30%，而提升工作丰富性的这一数字仅为9% ~10%。

（2）基于绩效的员工分类提高了企业绩效水平。实施绩效工资制后，岗位相同或相似的组织成员将自然地被分为高绩效者、中绩效者、低绩效者，而实践告诉我们，高绩效者往往更受重视与尊重，低绩效者可能会受到惩罚，甚至在末位淘汰制的企业中，低绩效者根本没有生存空间。

市场研究发现，大部分高技能人才更倾向于绩效工资制企业，而低技能人才则偏好岗位工资制企业。当绩效考核结果和薪酬水平关联性较小时，高绩效者离职率普遍较高。某玻璃安装公司将薪酬制度从固定薪酬转变为浮动薪酬后，公司整体业绩提升了44%，其中，部分业绩提升是因为现有的高绩效员工，还有部分业绩提升则是因为低绩效员工离职，高绩效的新员工入职。

（3）使高绩效者对企业产生更高的满意度和忠诚度。绩效工资制度为高绩效者设置了更高的薪酬水平，这意味着高绩效者不仅可以满足生存和生活需求，其社交、尊重、自我实现等更高层次的需求也将得到满足，所以，他们对企业也会有更高的满意度和忠诚度。

◆绩效工资制的缺点

绩效工资制的缺点如图2-6所示。

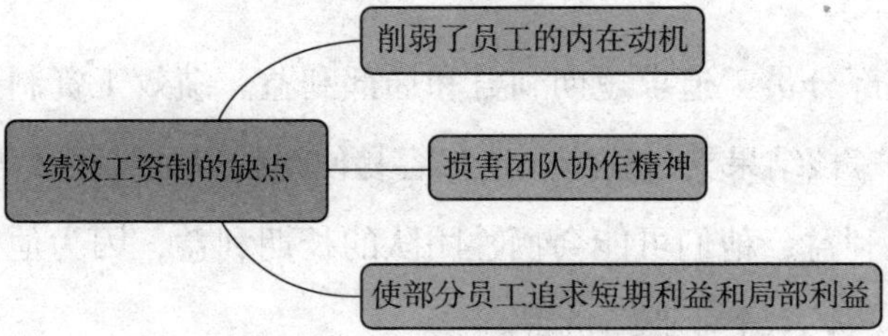

图2-6 绩效工资制的缺点

（1）削弱了员工的内在动机。1985年，德西（Deci）和莱恩（Ryan）提出了认知评价理论（也被称为自我决定论）。该理论指出，对行为有激励作用的因素包括两类：一是个人兴趣等人的内在激励因素，即员工在工作过程中能够获得满足感、成就感；二是薪酬等外部激励因素，即员工工作并非出于个人兴趣，而是为了获得薪酬等外部回报。

不同员工的激励因素可能存在一定差异，对于那些受内在激励因素影响而积极工作的员工而言，如果企业对其应用绩效激励制度，将逐渐削弱该员工内在激励因素的影响力，最终降低企业经营业绩。因为根据认知评价理论，滥用外部激励因素将导致员工失去对自身行为的决定权，使他们沦为金钱的“奴隶”。

（2）损害团队协作精神。绩效工资制不仅会影响上下级之间的协作关系，也会影响同事之间的协作关系。当企业实施绩效工资制时，必须对组织成员绩效进行科学评价，而在评价过程中，上级会直接影响下级的绩效评价结果，即便绩效评估体系已经非常成熟完善，下级也会质疑评价结果的公平性、公正性。特别是当员工个人预期和评价结果存在较大差距时，员工对上级的信任度将明显下滑。

同时，绩效评估结果将员工分为了“三六九等”，低绩效的员工可能会质疑高绩效员工的评估结果，认为高绩效者“玩弄权术”，特别是当团队成员之间的工作关联度较高（存在周边绩效）时，这种情况便会更加严重。

（3）使部分员工追求短期利益和局部利益。绩效工资制通常根据员工月度绩效考核结果支付薪酬，这很容易使组织成员将绩效等同于工资，而为了个人利益，他们可能会牺牲团队的长期利益，因为他们不是企业的拥有者，不必为企业业绩负责。

同时，员工为获得高绩效通常仅关注和自身绩效相关的内容，而忽略企业整体利益，特别是当企业战略目标未能和员工绩效目标相统一时，企业的整体利益将进一步受损。

2.2.5 绩效工资制的实施要点

（1）引入多元化的绩效评估方法。绩效评估是实施绩效工资制的关键模块，也是决定绩效工资制运行效果的核心因素，所以，选择合适的绩效评估方法显得尤为关键。所有绩效评估方法都有其缺陷和不足，所以，在企业实施绩效评估过程中，可以将多种绩效评估方法相结合，实现优势互补。

例如，很多企业联合应用平衡计分卡和关键业绩指标，因为平衡计分卡可以引导员工更为关注企业的长期利益和整体利益，而关键业绩指标可以引导员工专注当前的关键任务，将二者相结合能够产生强大的互补作用。

此外，360度考核法近年来也在企业业绩考核方面得到了广泛应用，这一方法强调对员工进行全面考核。考核人员需要与被考核者进行绩效沟通，并为后者的绩效改善提供有效指导。在这个过程中，考核人员可以和被考核者逐渐建立信任关系，帮助被考核者不断成长，为企业的长期稳定发展奠定良好基础。

（2）制定科学合理的绩效目标。确立正确的绩效目标是实施绩效工资制的重要基础，它为绩效评估、绩效激励提供了有效参考。在确定绩效目标时，必须保障员工贡献清晰明确以及员工绩效可被量化考核，这也是绩效工资制可以在企业中得到落地应用的关键所在。

在现代企业经营管理活动中，工作复杂性进一步提升，跨层级、跨部门、跨团队项目越来越多，从而对组织成员的团队协作能力提出了更高的要求。所以，在制定绩效目标时，企业管理人员必须制定清晰合理的绩效管理目标。

（3）设置合理的绩效等级。绩效工资制根据绩效考核结果将员工分为多个绩效等级，并据此确定员工薪酬水平，所以，企业必须保障绩效等级设置的合理性，避免员工绩效等级过度集中或过度分散。我国比较重视人情味，倡导建立和谐融洽的员工关系和组织氛围，在这种情况下，为避免破坏和谐，一些绩效考核人员可能会提高被考核者的绩效考核得分，导致绩效评估结果失去公平性、公正性，这不仅影响绩效工资制的运行效果，还会增加企业的人力成本。

（4）将激励强度控制在合理范围以内。激励强度反映了绩效工资在员工整体薪酬中占据的比重，强度越高，说明绩效工资占据的比重越大。强度过高或过低都会对绩效工资制的实施产生负面作用。

一方面，绩效激励强度不能过高。因为绩效激励强度过高时，员工会聚焦于个人当前利益，而忽略了企业长期利益和整体利益。在国内外企业界，员工为避免绩效工资下降，而在绩效评估环节弄虚作假的案例不计其数，比如故意瞒报项目进度，导致企业订单不能按期完成，从而向客户支付巨额违约金等。同时，激励强度较高时，想要保障薪酬分配的公平性，必须进一步完善绩效评估方法、模型等，从而提高了企业的经营成本。

另一方面，绩效激励强度不能过低。诚然，在薪酬预算已经确定的情况下，个体得到的绩效工资越低，便意味着企业可以在更大范围内实施绩效激励，但此时个人获得的绩效工资数额较低，很难对他们产生较大的吸引力，不利于绩效工资制的落地实施。当绩效激励强度处于较低水平时，企业很容易出现“大锅饭”现象，因为当辛勤付出或对企业贡献价值较高的员工不能得到足够的回报时，他们的工作积极性将会遭受严重打击，于是部分员工离职、部分员工变得消极懈怠，引发“劣币驱逐良币”问题，给企业的生存发展埋下严重隐患。

2.3 年薪制

2.3.1 年薪制定义与主要内容

◆年薪制的定义

年薪是指年度固定工资，是一种以企业会计年度时间单位计发的工资，尤其适合企业高层管理者、技术骨干、特聘人才等。为保障基本生活，年薪中的基础薪酬部分通常按月发放，在形式上等同于月薪。

在国外，企业经历了业主制、合伙制、公司制三种形式，随着企业规模不断扩大，企业经营权和所有权分离，职业经理人掌握了企业的绝大部分控制权。为了确保职业经理人和企业股东利益相一致，对职业经理人的行为进行规范和约束，而诞生了年薪制，这也是企业年薪制的实施对象以经营管理者为主的核心因素。

◆年薪制的主要内容

（1）适用范围。年薪制主要适合那些拥有企业实际经营权，对企业经营业绩有较大影响的人员，比如公司董事长、总经理等。

（2）年薪的构成。年薪制中的年薪通常由两部分收入构成，一是基本薪酬；二是效益薪酬。基本薪酬主要根据企业规模、员工数量、经营业绩、当地物价、员工平均工资水平等决定，部分地区为当地企业的基本薪酬设置了上限。效益薪酬则是根据企业的经营业绩、承担的责任大小与风险程度等决定，可能数额很高，也可能出现负数情况（不足部分从基本薪酬或风险抵押金中扣除），具有一定的波动性。

效益薪酬以日历年为单位进行发放，如果出现效益薪酬为负数而没有风险抵押金的情况，企业经营者应该从基础薪酬拿出部分收入予以补足。

企业经营者是年薪制的主要实施对象，其薪酬通常包括五个部分，如表2–5所示。

表2–5 企业经营者的薪酬构成

序号	项目	具体内容
1	薪水	企业经营者的基本收入，用以保障其基本生活，通常会随工龄、物价等变化而改变
2	奖金	针对经营者短期（1～2年）经营业绩提供的奖励，通常在其整体薪酬中占比25%
3	长期奖励	针对经营者长期（3～5年）经营业绩提供的奖励，以股权期权支付为主
4	福利	保险、假期等
5	津贴补贴	交通补贴、餐饮补贴等各类形式的补助

从实践经验来看，不同企业的经营者薪酬各构成要素比例存在一定的差异，不过长期来看，降低基本薪酬比重、增加浮动薪酬比重是主流趋势。

2.3.2 年薪制特征与实施条件

◆年薪制度的特征

年薪制度的特征如图2-7所示。

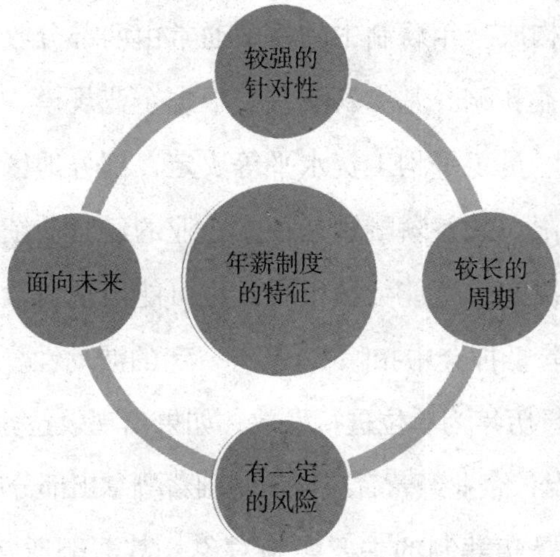

图2-7　年薪制度的特征

（1）较强的针对性。年薪制主要适用于企业经营者以及在企业发展中扮演关键角色的人，比如科研人员、项目管理人员等。他们受教育程度较高，创新能力较强，价值难以在短时间内得到体现，想要充分发挥其价值，更多地需要采用激励措施，而不是过度约束和控制。

（2）较长的周期。对于部门经理、公司总经理等经营人员，年薪制通常以一年为周期，而对于项目开发人员、科研人员等，该周期并不固定，可能是半年，也可能是两年等。

（3）有一定的风险。在年薪制中，浮动薪酬在企业经营者整体薪酬中占据较高的比重，如果企业经营业绩良好，浮动薪酬可能达到基本薪酬的数倍；如果企业经营业绩较差，浮动薪酬可能是负数。而企业经营业绩具有较高的不确定性，从而使企业经营者需要承担一定的风险。

（4）面向未来。和其他薪酬制度主要是肯定、奖励过去相比，年薪制主要是激励未来。在为企业经营者确定年薪时，薪酬管理人员的主要依据并非其过去的业绩，而是企业经营者拥有的经营管理能力和潜力。企业股东和企业经营者相当于委托人和代理人的关系，对企业经营者实施年薪制后，相当于双方签订了一个动态合同，双方成为利益共同体，总体目标是期望通过最低的成本实现企业业绩最大化。

◆年薪制度的实施条件

结合上述特征以及年薪制的内涵、运行机制等，可以发现实施年薪制的企业应该满足以下条件：

（1）建立了现代企业制度，主要体现为以下几点。

所有权和经营权分离，经营者具备独立决策权。

对经营者公开招聘、奖罚分明。

以书面文件形式明确经营者的权力和责任。

建立了完善的监督体制机制，以便对经营者行为进行有效规范。

（2）形成了完善的评估机制，可以实现对企业资产状况、经营状况等的科学评估，从而为考核企业经营者绩效奠定良好基础。为此，企业需要建立覆盖范围广泛的指标体系，并引进第三方评估机构。选择第三方评估机构时，应该确保其专业性、客观性、公正性，尽可能地找一些相对成熟、有丰富经验的评估机构。

一般而言，考核企业经营情况时，需要考核的内容包括企业增值保值情况、企业盈利能力、企业偿债能力、新产品研发能力、研发投入、人力资源等。

（3）企业具备良好的经营环境，具体体现为以下几点。

明确经营者和股东之间的关系，以及经营者和其他组织成员的关系。

企业周围存在相对成熟的职业经理人市场，为公司选聘合适的职业经理人奠定良好基础。

宏观经济环境较为稳定，市场竞争公平、公正，确保企业经营业绩可以真正体现出经营者的能力和贡献。

2.3.3 年薪制的优缺点

◆年薪制的优点

年薪制的优点如图2-8所示。

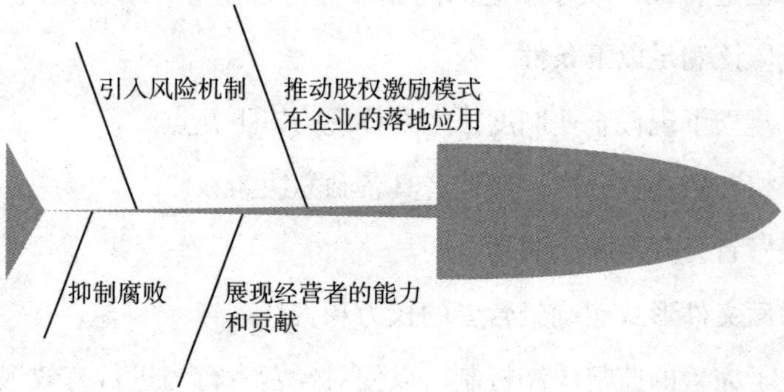

图2-8 年薪制的优点

（1）引入风险机制。浮动薪酬在企业经营者整体薪酬中占据较大的比重，因此为了提高自身收益，企业经营者会尽可能地发挥自身的活力和创造力，以便提高企业经营业绩。

（2）推动股权激励模式在企业的落地应用。企业可以用股权期权的形式向经营者支付部分薪酬，使经营者利益和企业利益关联起来，推动企业的长期发展。

（3）展现经营者的能力和贡献。企业可以通过考核经营者年度及任期内的经营管理业绩，来确定其能力和贡献，从而确定合适的薪酬水平、支付方式等。

（4）抑制腐败。在年薪制中，企业经营者可以通过提高企业经营业绩来提升收入水平，而不需要冒着违法犯罪风险，瞒报、篡改企业经营业绩等，从而在一定程度上降低了企业经营者的腐败风险。

◆年薪制的缺点

年薪制也有一定的缺点，具体体现为以下两点：

（1）难以激励企业经营者的长期行为。企业经营者在日常工作中需要对战略规划、未来发展方向等重大事项进行独立决策，如开发新产品、投资并购等。这类决策对企业的影响是长期性的，短时间内可能无法体现其价值。在重大决策实施的前几年，公司财报等文件中展现的主要是决策实施造成的额外成本支出，带来的收益很少甚至根本没有收益。在这种情况下，部分企业经营者可能会为了避免自身收入下滑而放弃一些有助于企业长期发展的项目。

（2）年薪制的绩效考核过度重视企业年度经营业绩，但由于企业股东和经营者之间普遍存在一定的信息不对称问题，经营者可能会尝试通过权力寻租来提高自身的收入水平。

2.3.4 详解年薪制的五种模式

不同国家、地区的企业年薪制模式往往存在一定差异，从国内企业对年薪制的探索实践来看，我国常见的年薪制模式主要有五种，见表2–6至表2–10。

表2–6 准公务员型年薪制模式

序号	项目	具体内容
1	薪酬结构	基本薪酬＋津贴补贴＋养老金计划
2	薪酬数额	和企业规模、所在行业以及经营者的行政级别相关联，基本薪酬通常是员工平均工资的2～4倍，正常退休后的养老金是普通员工养老金的4倍以上
3	考核指标	企业年度经营业绩目标完成情况，重大战略或项目推进情况

续表

序号	项目	具体内容
4	适用对象	企业中高层管理人员，特别是资深企业领导、临近退休的高层管理者
5	适用企业	负责推进政策目标的大型国有企业，特别是对国民经济长期稳定发展具有重要影响力的大型企业集团
6	激励作用	和公务员薪酬激励模式较为类似，主要通过提升社会地位、提供高质量的生活保障进行激励，尤其是退休后的待遇，往往可以抑制经营者的短期行为

表2-7 一揽子型年薪制模式

序号	项目	具体内容
1	薪酬结构	固定年薪
2	薪酬数量	数量较高，通常根据企业年度经营目标确定。如果企业年度经营目标完成，经营者便可获得约定年薪；如果未能完成，经营者仅能获得部分年薪
3	考核指标	具体而明确，如创造多少利润、将亏损控制在一定范围、将市场占有率提升至多少比例、创造多少销售收入等
4	适用对象	具备企业最高经营权的个体，如董事长、总经理等
5	适用企业	处于特殊时期的企业，例如，亟须提高市场占有率的、正处于市场扩张期的企业，亟须控制亏空的、正处于发展困境的企业，等等
6	激励作用	类似于招标承包形式，激励作用较强，但可能会造成短期行为，需要企业建立完善的监督机制

表2-8 非持股多元化型年薪制模式

序号	项目	具体内容
1	薪酬结构	基本薪酬+风险收入+津贴补贴+养老金计划
2	薪酬数量	数量不固定，随企业经营业绩变化而出现较大波动
3	考核指标	企业规模、员工数量、营业收入、利润增长率、净资产增长率、员工工资增长率、行业平均增长率等
4	适用对象	董事长、总经理等企业经营者
5	适用企业	非股份制企业，目前国内大部分国有企业都采用这种薪酬模式
6	激励作用	激励效果较为明显，但没有涉及对经营者长期行为的激励，可能对企业长期发展产生不利影响

表2-9 持股多元化型年薪制模式

序号	项目	具体内容
1	薪酬结构	基本薪酬+津贴补贴+风险收入+养老金计划
2	薪酬数量	基本薪酬通常根据企业经营职责决定，往往是普通员工基本薪酬的2～4倍；风险收入则根据企业经营业绩和市场价值决定；津贴补贴和养老金计划则参照市场平均水平
3	考核指标	企业规模、员工数量、营业收入、净资产增长率、利润增长率、销售收入增长率、员工工资增长率、行业平均效益水平等
4	适用对象	董事长、总经理等企业经营者
5	适用企业	规范经营的股份制企业，特别是上市公司
6	激励作用	激励效果较为明显，丰富的薪酬组合可以对经营者的行为进行规范、引导，但操作难度较大

表2-10 分配权型年薪制模式

序号	项目	具体内容
1	薪酬结构	基本薪酬+津贴补贴+风险收入+养老金计划
2	薪酬数量	基本薪酬主要根据企业经营职责决定，通常为普通员工平均工资的2～4倍；风险收入通常以“分配权”或“分配权”期权形式支付，主要参考企业经营业绩；津贴补贴和养老金计划则参照市场平均水平
3	考核指标	企业规模、员工数量、营业收入、净资产增长率、利润增长率、销售收入增长率等
4	适用对象	董事长、总经理等企业经营者
5	适用范围	适用范围广泛，可以在大部分企业中应用
6	激励作用	将股权期权激励机制引入非上市公司或股份制企业中，可以对企业经营者产生长期激励作用

CHAPTER 3 薪酬体系的设计流程

3.1 岗位分析

3.1.1 岗位分析的主要内容

岗位分析是对岗位整体（包括岗位性质、任务、职责、劳动条件和环境等）进行系统全面的分析研究，从而为管理活动提供信息支持的一系列岗位信息搜集、整合和分析的过程。

岗位分析是薪酬制度设计的重要基础，也是人力资源管理中的一项重要工作，岗位分析可为一系列人力资源管理工作提供支持（见图3-1）。

对岗位职能、岗位资源、岗位特征、岗位环境等进行分析后，可以制作岗位描述标准文件，即岗位说明书。岗位说明书主要由岗位概要、岗位职责、岗位识别信息、任职资格标准等内容构成。岗位分析的主要内容包括对岗位内容和岗位需求进行分析，对岗位、部门和组织结构进行分析以及对岗位主体员工进行分析。

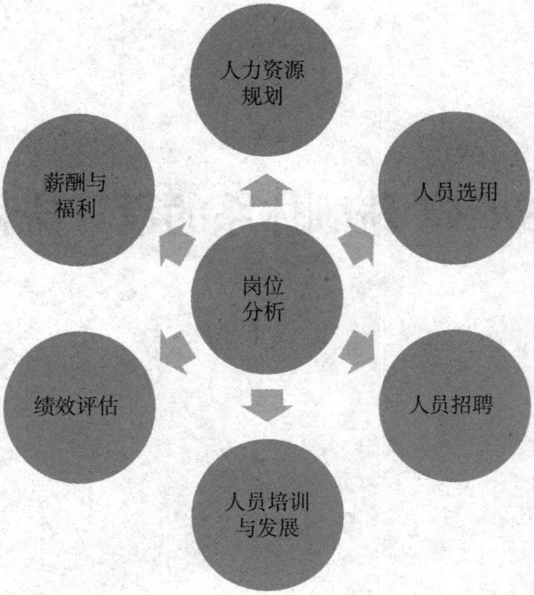

图3-1　岗位分析和人力资源的关系

（1）岗位内容分析。岗位内容分析是对产品实现过程及其辅助过程进行分析，具体分析的内容包括工作步骤与流程、工作标准、工作设备、工作环境、工作规则、辅助手段等。

（2）岗位、部门及组织结构分析。在岗位分析中，劳动分工以及工作的复杂多样性决定了对岗位、部门及组织结构进行分析是必然选择。优势资源、利益诉求、重点业务等方面的不同，导致企业在岗位、部门及组织的结构设计方面有一定的差异。岗位、部门及组织结构分析的主要内容有岗位内容、岗位结构、部门概况、部门职能、组织结构等。

（3）岗位主体员工分析。企业通过开展岗位主体员工分析，可以让分析人员掌握员工的知识结构、职业规划、兴趣爱好等，从而根据员工的技能和兴趣安排岗位，设计激励性更强的薪酬制度，为员工的成长与发展提供系统支持。

3.1.2 岗位分析的信息收集

收集岗位信息是影响岗位分析质量的重要因素，而在收集岗位信息过程中，岗位分析主体的选择将直接决定信息的真实性、有效性。因此对岗位信息收集及岗位分析主体选择进行规范也是很有必要的。

◆岗位分析所需的资料

具体要分析哪些类型的信息、分析什么范围内的信息，由岗位分析目的、岗位分析时长、岗位分析预算等因素决定。确定资料来源时，分析人员需要重点考虑资料的精确性、连贯性、时效性。通常来说，岗位的专家、从业人员、管理者是较为主流的岗位分析资料来源。与此同时，岗位的下级、关联性岗位、顾客等能够对岗位信息起到很好的补充作用。此外，分析人员还可以参考政府部门、研究机构、招聘平台等提供的公开资料。岗位分析需要获取的资料如表3–1所示。

表3–1 岗位分析需要获取的资料

资料类型	具体内容
岗位活动	（1）岗位任务描述： 如何完成岗位任务？ 为何要设置这项岗位任务？ 何时执行该项任务？ （2）和其他岗位和设备的关系 （3）工作流程 （4）完成该项任务需要的行为 （5）行为和工作要求
岗位中使用的机器、工具、设备和辅助设施	（1）所用机器、工具、设备和辅助设施清单 （2）相关材料 （3）生产的产品或服务
岗位条件	（1）岗位工作环境，比如高温、高危、灰尘、有毒环境等 （2）岗位工作进度 （3）岗位激励 （4）在组织中扮演的角色等

续表

资料类型	具体内容
对员工的要求	（1）所需知识与技能 （2）身体条件 （3）工作经验 （4）工作态度 （5）工作履历

除了表3–1列出的资料外，分析人员还应关注以下资料：

（1）行为资料。和员工岗位工作相关联的体能消耗、专项能力（沟通、写作、设计等）、行为类型等。

（2）工作器具资料。岗位涉及的机器、工具、设备和辅助器械。

（3）绩效标准。通过一系列的绩效指标体现岗位工作质量的规范。

（4）人员条件。和岗位相关的知识、技能、个人信息（学历、家庭情况、工作履历、兴趣爱好、身体特征等）。

（5）关联性条件。部门及组织规范、激励措施等。

◆岗位分析小组的工作步骤

很多企业在搜集岗位分析所需的信息时会成立一个由岗位直属上级、HR专家、岗位从业人员组成的临时性工作小组。该小组在开展岗位分析工作时，通常会采用以下步骤：

（1）HR专家对正在进行中的工作进行观察与分析。

（2）HR专家制作岗位说明书，岗位直属上级和岗位从业人员为HR专家提供支持，比如岗位直属上级作为被调查者，填写HR专家提供的调查问卷等。

（3）岗位直属上级和岗位从业人员对HR专家得出的结论进行检查并修改，以便更为客观、真实地反映岗位职责、岗位活动等。

需要指出的是，在收集岗位分析所需的资料时，HR专家、岗位从业人员、岗位直属上级三类岗位分析主体都有各自的优缺点（见表3–2）。

因此，在岗位分析实践活动中，企业应该结合实际需求，灵活选择岗位分析主体。

表3–2　岗位分析主体的优缺点

岗位分析主体	优点	缺点
岗位从业人员	（1）熟悉岗位工作 （2）可以提供很多细节信息 （3）可以提供建设性的意见和建议 （4）有利于提高分析结构的可接受度	（1）视角单一 （2）如果任务分配不公平，容易引发其抵触情绪 （3）主观性较强，夸大岗位的作用和价值
岗位直属上级	（1）搜集信息效率高 （2）较为客观、公正	（1）主观性较强，带入个人观点 （2）需要耗费一定的资源对其进行培训
HR专家	（1）可以保障客观性、公平性、公正性 （2）收集的信息更为系统全面 （3）岗位描述更为规范	（1）成本较高 （2）可能因为对岗位缺乏深入了解而忽略重要信息

3.1.3　岗位分析的操作流程

岗位分析是对岗位进行综合全面剖析的整体过程，其操作流程可分为准备阶段、调查阶段、分析阶段、总结及完成阶段四个阶段（见表3–3）。

表3–3　岗位分析的操作流程

操作流程	操作方法
准备阶段	岗位分析准备阶段的主要目标是了解相关信息，和信息渠道建立联系，设计分析方案，确定调查范围、调查对象及调查方法等。 （1）明确岗位分析的意义、目的、步骤及方法 （2）成立HR专家、岗位直属上级、岗位从业人员组成的工作小组 （3）确定调查对象样本 （4）结合岗位分析的任务、流程，对岗位分析进行拆解，得到若干工作单元和环节 （5）其他准备工作，比如管理者做好和分析对象的沟通工作，为其答疑解惑，消除员工对岗位分析的误解，避免在组织内部引发恐慌情绪，并促使分析对象积极配合调查工作

续表

操作流程	操作方法
调查阶段	调查阶段主要是对岗位人员、岗位工作内容、岗位工作环境、岗位工作过程等进行全方位调查。 （1）编制调查问卷与提纲 （2）灵活采用观察法、问卷法、面谈法、实验法、关键事件法等各种调查方法 （3）有重点地搜集岗位分析所需资料 （4）搜集相关人员的特征信息 （5）被调查人员对岗位工作特征和人员特征的描述进行修正
分析阶段	分析阶段主要是对调查阶段得到的数据进行分类、整合、处理等。 （1）对资料进行整理。对工作性质和功能调查相关资料进行归类和整理，并将其编入岗位说明书之中 （2）对各职位性质和构成要素进行分析 （3）善于利用各种工具提高分析效率和精准性
总结及完成阶段	总结及完成阶段的重点工作是编制岗位说明书。 （1）将分析得到的结果转化为工作说明书，并检验其内容的真实性、有效性 （2）组织召开工作说明书检验会，为参加会议人员提供所需材料 （3）对岗位说明书和岗位实际情况进行对比，根据对比结果决定是否开展进一步调查 （4）对岗位说明书进行修正，特别是要保障重点岗位描述的有效性 （5）将岗位说明书应用至企业管理实践活动中，并根据实际情况对岗位说明书进行修正 （6）对整个岗位分析过程进行评估，将最终版的岗位说明书保存归档，以便为后续工作提供支持

需要说明的是，企业应该对岗位说明书进行定期评审，确保它能根据岗位实际情况及时更新。与此同时，鼓励员工积极参与到岗位分析过程中，群策群力，保障岗位分析结果的客观性、公平性、公正性，而且这样得到的岗位分析结果在企业内部应用时，也将得到员工的普遍支持和认可。

3.1.4 岗位分析的操作方法

◆观察法

观察法是一种以观察人员不影响观察对象的正常工作为前提，对岗位分析所需的岗位工作内容、岗位工作环境、岗位工作程序、机器设备等信息进行记录，并最终整理为岗位说明书等岗位分析结果的方法。利用观察法开展岗位分析，需要注重条理性、结构性，结合岗位分析目标和企业现有资源，在实际操作前明确观察内容、角度、时间、信息记录标准等，以便提高观察效率，降低时间成本。

观察法的优势在于获取的信息较为准确、客观，适合周期短、流程化的体力劳动岗位。不过，观察法对观察人员的实际工作经验有较高要求，无法获取岗位任职资格等信息。为补足其短板，在实践中，分析人员通常联合使用观察法和访谈法。岗位分析观察表是观察法的一项常用工具（见表3–4）。

表3–4 岗位分析观察表

被观察者姓名		日期	
观察者姓名		观察时间	
工作类型		工作部门	
观察内容			

1. 什么时候开始工作？__________
2. 上午工作多少小时？__________
3. 上午休息几次？__________
4. 第一次休息时间从______到______
5. 第二次休息时间从______到______
6. 上午完成产品多少件？______
7. 平均多少时间完成一件产品？______
8. 与同事交谈几次？______
9. 每次交谈多长时间？______
10. 室内温度______度
11. 上午抽了几支香烟？______
12. 上午喝了几次水？______
13. 什么时候开始午休？______
14. 出了多少次品？______
15. 用了多少原材料？______
16. 工作地噪声分贝是多少？______

◆访谈法

在访谈法中，访谈人员将按照针对某一岗位定制设计的访谈提纲和访谈对象进行交流沟通。岗位从业人员、岗位直属上级、岗位下级、关联性岗位人员等是常见的访谈对象。为提高访谈效率和质量，访谈人员需要在访谈前将访谈提纲提供给访谈者，使后者有充足的准备时间。

访谈法适用范围非常广泛，体力劳动岗位和脑力劳动岗位皆可使用，而且还能使访谈人员收集到工作经验、任职资格等其他岗位分析操作方法难以获取的信息。此外，当访谈对象受教育程度较低、文字理解能力不足时，使用访谈法也能取得良好效果。不过其问题在于，很多访谈对象会质疑访谈人员的访谈动机，不信任访谈人员，从而在回答某些问题时不提供真实、客观的信息。所以，企业开展岗位分析时，通常不会单独使用访谈法，而是将其和其他方法联合使用。在访谈过程中，访谈人员要通过访谈记录表记录访谈的相关信息，下面提供一种较为常见的访谈记录表范本（见表3-5）。

表3-5　访谈记录表范本

姓名		日期		地点	
任职时间		现任职位和级别			
1. 工作目的					
2. 主要职责					
3. 次要职责					
4. 使用设备 ________ ________	继续使用 ________ ________	经常使用 ________ ________	偶尔使用 ________ ________		

◆问卷调查法

问卷调查法的流程是调查人员先结合岗位分析目的、内容等设计调查问卷，并发放给调查对象填写，之后对填写完成的调查问卷进行汇总，选取有代表性的答案，最终生成岗位说明书。在岗位分析中，问卷调查法的使用十分广泛。

设计调查问卷是问卷调查法的一项重要工作。调查问卷分为开放式调查问卷和封闭式调查问卷两大类。其中，开放式调查问卷对调查对象约束力较弱，后者可以较为自由地回答问题；封闭式调查问卷则是调查人员设计好答案，调查对象只能从有限的答案中做出选择。设计调查问卷需要注意以下几点：

（1）问题要明确、精准。

（2）表格设计简洁、精练。

（3）通俗易懂。

（4）在导语部分对整个调查问卷情况进行说明。

（5）按照一定逻辑排列问题，将调查对象感兴趣的问题放在前列。

低成本、调查范围广泛是问卷调查法的主要优势，特别是移动互联网的推广普及，为调查人员大范围发放并回收电子调查问卷提供了诸多便利，而且调查结果也可以利用计算机快速处理。不过，这对调查人员设计调查问卷的能力提出了较高的要求。下面提供一种适用范围较为广泛的岗位分析问卷范本（见表3-6）。

表3-6 岗位分析问卷范本

<table>
<tr><td>日期</td><td colspan="2"></td><td colspan="4"></td></tr>
<tr><td>公司名称</td><td colspan="2"></td><td>职位与职称</td><td colspan="3"></td></tr>
<tr><td>所属部门</td><td colspan="2"></td><td>所属科室</td><td></td><td>主管姓名</td><td></td></tr>
<tr><td colspan="2">总公司、分公司地区办事处</td><td colspan="5"></td></tr>
<tr><td colspan="7">1.说明工作的主要职责：</td></tr>
</table>

续表

2.其他较不重要的职责：

3.请列举你所用的工具：　继续使用　经常使用　偶尔使用

4.做此工作需要什么教育程度？

☐ 高中以下
☐ 高中
☐ 大专
☐ 大专以上

5.担任此工作需要多少年的有关工作经验

☐不用经验　☐1～3年　☐10年以上
☐3个月以下　☐3～5年
☐3个月到1年　☐5～10年

6.你个人以为要做好或熟悉此工作，需要多长时间的培训？

☐两周或少于两周　☐6个月　☐2年
☐3个月　☐1年　☐3年

7.做好此项工作需要的监督程序如何？

☐经常性的监督。除去不重要之差异，其余一并由主管处置。
☐每日几次即可，包括承包、接受意见及指派工作。按照一定的方式与程序进行。
☐偶尔。由于多数工作是重复且互相牵连的，因此只以制定规则与标准指引进行管制即可。
☐有效监督。工作一经指派后全权负责，虽有若干方法可供采用，但不妨有自己的一套。
☐确定大目标即可。评估工作，可用任何方式。重在整体成效。
☐少量或没有直接监督。工作方法之选择、发展与协调只要在一般政策的范围内皆可任意行之。

8.你所做之任何独立的决策的范畴与效果如何？

你认可的事项在生效前是否经常要经复核？　如果要，有谁复核？
你拒绝的事项在生效前是否经常要经复核？　如果要，有谁复核？

9.本工作亟须哪一方面的才能、创意，以及（或）进取的精神？
例如：

10.在本工作中可能会产生哪些差错？

续表

11. 关于公司业务，该如何与他人进行联系？

持续不断	频繁	偶尔	从不	方法（写信、电话等）
其他部门的职工	____	____	____	____________
公司政策执行部门	____	____	____	____________
社会大众（或同业公会）	____	____	____	____________
政府机关	____	____	____	____________
其他（请指出）	____	____	____	____________

请列举说明联系之目的：____________

12. 试说明会导致疲惫的肌肉动作、身体移动、工作位置与姿势的改变。并请估计每项因素的时间长短。

13. 请指出你不愿待的不良工作环境，例如脏、嘈杂、潮湿、浊气、热度、外面的天气、单调及危险事故等：

你每个月整晚开车的天数约多少？怎么安排：

每个月你大约要跑多少公里：

如果你负责他人的工作，请回答下列问题：

14. 本项工作有下列哪些监督职责？

□指导　□分派人员　□派工

□解决员工问题　□核工　□甄选新员工

□规划别人的工作　□调动（推荐□；核准□）　□订立标准

□奖罚（建议□；核准□）　□协调业务　□革职（建议□；核准□）

□加薪（建议□；核准□）

请列举在你直接监督下的工作名称及所属人员之数目：

汇总由你指挥的属员数目：____________

评语：

填写人：

主管人员注意事项：你的签名表示你已核阅上述的工作描述。如有必要修正，请以红笔于适当地点填附，希望能就上述各项分别加以评述。这个项目在定案前仍然会与你交流意见。

在你属下担任此项工作的人员有几个？________　　核阅人：________　职　衔：________

◆工作日志法

工作日志法是一种岗位分析人员对岗位工作人员记录信息（按照时间或流程顺序记录的岗位工作内容、工作过程等）进行汇总、提炼，从而获得所需信息的岗位分析方法。采用工作日志法进行岗位分析，需要为岗位工作人员设计工作日志。工作日志会涉及岗位工作内容、方法、流程、权责以及工作人员的相关信息等（见表3-7）。

表3-7 某公司员工工作日志实例

工 作 日 志
姓名： 年龄： 岗位名称： 所属部门： 直接上级： 从事本业务工龄： 填写日期自____月____日至____月____日

通过以上分析，不难发现，上述几种岗位分析操作方案都有其各自的优缺点（见表3-8）。

表3-8 岗位分析操作方法的优缺点

方法	优点	缺点
观察法	可以较为全面、客观地获取岗位信息	不适合脑力劳动为主、不确定性较大的岗位
访谈法	效率高、适用范围广	访谈对象可能不信任访谈人员，从而提供错误信息
问卷调查法	成本低、效率高，可以同时调查大量调查对象	对调查问卷质量有较高要求
工作日志法	简单、易操作，可以分析工作内容较为复杂的岗位	岗位工作人员提供的信息较为杂乱，影响分析效率

3.1.5 岗位说明书的编写方法

岗位说明书要注重规范性、严谨性，必须按照特定的格式进行编写。下面我们先来看几个标准化的岗位说明书范例（见表3-9、表3-10、表3-11）。

表3-9 岗位说明书范例一

工作名称		部门	
工作内容	1. 2. 3.		
任职资格	1. 学历要求 2. 工作经验要求 3. 必要的知识和能力 4. 综合素质要求 5. 其他要求		
工作环境	1. 工作地点 2. 工作条件		

表3-10 岗位说明书范例二

职称名称： 职位编码： 职位概要：		所在部门 编制日期	
职位职责			
1.（职责一） 1.1 1.2			
关键绩效指标（KPI）			
任职资格			
项目	必备要求	期望要求	
学历与专业要求 所需资格证书 工作经验 知识要求 技能要求 能力要求 个性需求			

续表

主要关系			
关系性质 直接上级 直接下级 内部沟通 外部沟通		关系对象	
职位环境和条件			
工作场所 工作设备 工作条件 工作时间			
备注			

表3-11　岗位说明书范例三

职位编号		职位名称		所属部门	
职位类型		上级职位		编写日期	
职位概要					
履行职责及考核要点					
履行职责				占用时间	绩效标准
工作关系	直接下属人数			间接下属人数	
	内部主要关系				
	外部主要关系				
工作条件	工作场所				
	工作时间				
	使用设备				
职位关系	可转换的职位	部门：　职位：			
	可晋升的职位	部门：　职位：			
		部门：　职位： 部门：　职位：			
	职位关系图				

续表

任职资格要求				
一般条件	最佳学历		最低学历	
	专业要求			
	资格证书			
	年龄要求		性别要求	
必要的知识和经验	必要知识			
	外语要求			
	计算机要求			
	工作经验			
必要的业务培训				
必要的能力和工作态度	能力			
	态度			
其他事项				

不难发现，表3–9是一种较为简单的岗位说明书，表3–10和表3–11则较为复杂。当然，岗位说明书的格式并不局限于上述三种，不过，无论采用怎样的格式，岗位说明书都应该提供两类内容，即岗位描述和岗位规范。

通常情况下，一个较为完善的岗位说明书需要提供岗位标识、岗位概要、履行职责、业绩标准、工作关系、使用设备、工作环境和工作条件、任职资格、其他信息等。下面对其编写具体要求进行详细说明。

（1）岗位标识。就像品牌标识之于品牌的标签作用一般，岗位标识也相当于岗位的标签，可以使人形成对岗位的直观印象。岗位标识通常由以下内容构成：

第一，岗位编号。岗位编号是企业为提高岗位管理效率而设计的一系列代码，在此基础上，企业可以建立岗位标准化数据库，加快自身的数字化转型进程。

第二，岗位名称。岗位名称设计要简洁易记，体现岗位内容、职责等。

第三，所属部门。

第四，直属上级。

第五，岗位薪点。岗位薪点对岗位价值的量化，可以在一定程度上反映该岗位对组织的重要程度，也是确定该岗位基本工资的重要参考。

（2）岗位概要。岗位概要概括性地说明了该岗位的主要工作职责，使对该岗位缺乏了解的人可以大体了解其基本信息。

（3）履行职责。履行职责可以看作岗位概要的精细化，它描述了岗位需要承担的具体职责以及各项职责的相关任务和活动。编制岗位履行职责时，岗位分析人员可以先对岗位涉及的职责进行分类，然后对每项职责进一步细化，拆解为各项任务，该过程如图3-2所示。

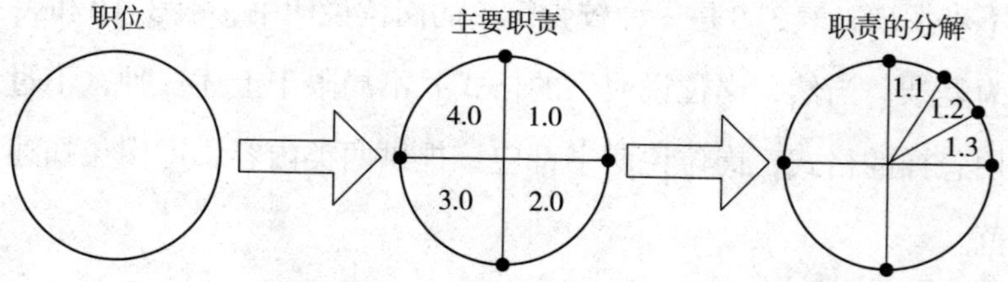

图3-2　岗位履行职责的分解示意

完成岗位职责的分解后，岗位分析人员还要描述各项任务，在该过程中尤其需要注意以下问题：

第一，按照“动词+宾语+目的状语”格式描述任务。

第二，动词的使用要精准、确切。在动宾短语中，动词的作用非常关键，选取的动词应该明确地体现出员工应该如何完成该项任务，在这项任务中拥有哪些权限等。

很多岗位同时承担多项职责，必须按照特定顺序进行排列。对职责进行排序时应该按照以下顺序：

第一，根据职责内在逻辑顺序排序。

第二，按照占用时长对职责进行排序。

（4）业绩标准。业绩标准主要包括两类内容，即岗位业绩衡量要素和岗位业绩衡量标准。其中，岗位业绩衡量要素体现了衡量该岗位业绩时的关键角度；岗位业绩衡量标准则提供了衡量该岗位业绩时可以参考的具体数字。

（5）工作关系。岗位工作关系体现了该岗位具体和企业内部哪些部门、岗位，以及企业外部部门和人员存在关联。

（6）使用设备。岗位使用设备是指该岗位人员工作时需要使用的机器、工具、设备和辅助设施等。

（7）工作环境和工作条件。岗位工作环境和工作条件包括工作时间、地点、物理环境等。

（8）任职资格。岗位任职资格包括学历、资格证书、工作经验、身体条件、专业技能等。需要指出的是，岗位任职资格的各项要求都应该是最基本的要求，也就是该岗位工作最低要求。

（9）其他信息。其他信息主要是指一些在岗位描述和岗位规范之外的重要信息。

3.2 岗位价值评估

3.2.1 岗位价值评估的目的

岗位价值评估是在岗位分析的基础上，通过某种或多种评估方法，对岗位的工作难度、劳动强度、任职条件、工作环境、职责大小、对组织的重要性等进行评估，从而确定岗位价值，并建立岗位序列的过程。

◆岗位价值评估的目的

（1）明确各岗位对组织的相对价值。企业有很多岗位，不同岗位对组织的相对价值是有所不同的。现代企业薪酬制度坚持“以岗定薪”，保障分配公平性。所以，企业必须明确各岗位对组织的相对价值，并将其作为薪酬发放的重要依据。开展岗位价值评估时需要严格遵循一定的评估标准，并灵活选择评估方法，对各岗位进行比较，明确各岗位对组织的相对价值，即各岗位对企业的贡献度。

（2）明确员工上升通道。企业完成岗位价值评估后，将各岗位按照某种标准纳入一定级别，从而形成岗位序列。在这种情况下，员工可以清晰、直观地了解企业的价值标准，找准未来的发展方向，并建立适合自身的职业生涯发展规划。

（3）改善企业劳资关系。岗位价值评估提供了一套标准化的、真正适合企业的岗位价值衡量方案，能够使总部和分公司之间、部门和部门之间、管理者和员工之间形成相对一致的岗位价值看法，帮助HR部门建立所有组织成员普遍接受的薪酬结构，大幅度改善企业的劳资关系。

◆岗位价值评估的注意要点

企业开展岗位价值评估时关注的要点如表3-12所示。

表3-12　企业开展岗位价值评估的要点

序号	要点
1	岗位价值评估得到的结果是相对的，不同企业或同一企业不同发展阶段的岗位价值都存在一定差异
2	岗位价值评估是定性判断岗位价值
3	岗位价值评估是基于岗位工作，而不是基于从事该岗位工作的人员
4	岗位价值评估需要建立统一的岗位价值评估模型

3.2.2 岗位价值评估的方法

◆岗位参照法

岗位参照法是一种利用现有工资等级的岗位来对其他岗位进行评估的评估方法，其操作步骤如表3–13所示。

表3–13 岗位参照法操作步骤

序号	操作方法
1	成立岗位价值评估小组
2	选取易评估、有代表的岗位，并对这些岗位进行价值评估
3	筛选出已经经过评估且得到员工普遍认可的岗位
4	将上两步选出的岗位作为标准岗位
5	结合标准岗位的工作职责、任职资格等信息，对其他岗位进行分类
6	依据各类岗位中标准岗位价值确定各岗位价值
7	对评估结果进行整理，最终得到岗位价值评估序列

◆岗位排序法

岗位排序法是一种简单易操作的岗位价值评估方法，岗位评分标准是岗位对组织发展所做的贡献。这种方法要求评估人员对被评估岗位有较为深入的了解，更适合规模小、岗位数量较少的企业。

◆岗位分类法

岗位分类法是根据岗位工作内容、工作职责、认知资格等，对岗位进行分类，如营销岗位、技术岗位、管理岗位、财务岗位等。然后为各类岗位确定岗位价值范围，并对同类岗位进行排序，最终得到不同岗位对组织的相对价值。

◆要素比较法

和其他评估方法相比，要素比较法不需要分析岗位的工作职责、任职资格，而是将岗位工作内容划分为智力、体力、技能、责任、工作条件等要素，为这些要素设置多个等级并赋予其分值。之后根据岗位具体工作内容确定该岗位要素等级，并对各岗位要素得分进行加权处理，从而得到该岗位价值整体得分。

◆岗位评分法

岗位评分法是通过确定各岗位关键评价要素与权重，并为这些要素设置等级和分值，来确定岗位价值得分的评估方法。和其他评估方法相比，岗位评分法是一种较为精准、系统、量化的岗位价值评估方法，员工更容易接受评估结果（评分标准和原理通俗易懂）。不过其缺陷在于成本较高，需要企业付出较多的人力及时间成本。

3.2.3 岗位价值评估实施步骤

岗位价值评估对企业薪酬制度设计有着直接影响，如果评估过程不合理、不公平，将对员工工作积极性带来较大负面影响。因为岗位价值评估操作不规范，员工质疑岗位价值评估结果的案例时有发生。那么，企业应该如何开展岗位价值评估呢？下面分享一套标准化的岗位价值评估实施步骤。

◆第一步：开展岗位分析

岗位分析是岗位价值评估的重要基础，通过开展岗位分析，企业可以得到影响岗位付薪的岗位工作职责、岗位贡献、岗位任职资格等关键因素。上一节已经对岗位分析的内容、信息搜集、操作流程与方法、编制岗位说明书等进行了详细阐述，此处不再赘述。

◆第二步：确定标准岗位清单

岗位价值评估的评估对象是各岗位，而企业规模、发展阶段的差异，决定了其岗位数量有所不同，初创企业可能仅有几个岗位，跨国企业的岗位可能达到上百个甚至上千个。如果逐一对所有岗位价值进行评估，需要付出的代价非常高昂。所以，岗位数量较多企业不妨选取有代表性的岗位作为标准岗位，将和各标准岗位相似的其他岗位归为一类即可。确定标准岗位清单（见表3-14）时，应该满足以下条件：

（1）企业关键岗位。

（2）避免重复。

（3）选取总岗位数量的1/3～1/5。

表3-14 某企业岗位价值评估的标准岗位清单（部分）

序号	岗位	部门
1	财务经理	财务管理中心
2	物流财务主管	财务管理中心 业务财务
3	销售财务副经理	财务管理中心 销售财务
4	共享中心主管	财务管理中心 共享财务
5	税务管理主管	财务管理中心 共享财务
6	成本会计	财务管理中心 共享财务
7	现金出纳	财务管理中心 共享财务
8	审计监察部经理	审计监察部
9	内控审计主管	审计监察部
10	工程审计副经理	审计监察部
11	审计专员	审计监察部
12	工会副主席	总经理办公室
13	总经办主任	总经理办公室
14	办公室副主任	总经理办公室
15	总经理秘书	总经理办公室
16	总编	总经理办公室
17	文化宣传管理专员	总经理办公室
18	销售部经理	销售部
19	销售组长	销售部
20	销售专员	销售部
21	……	

◆第三步：岗位价值评估模型的选择与确认

确定标准岗位清单后，评估人员便要结合企业实际情况选择合适的岗位价值评估模型，除了海氏、美世、翰威特等通用性评估模型外，企业还可以设计个性化的岗位价值评估模型。两种模型的优劣势对比如表3–15所示。

表3–15　两种岗位价值评估模型的优劣势对比

类型	优势	劣势
通用性评估模型	（1）经过实践验证，可以保障科学性、合理性。 （2）评估人员可以参考实践案例进行操作。 （3）可以获取数据库信息，便于将企业薪酬和市场薪酬进行对比	（1）缺乏针对性，可能不符合企业的实际情况。 （2）评估人员需要和组织成员耐心沟通，消除其疑惑和误解，从而提高时间成本
个性化评估模型	（1）针对性较强。 （2）经过一系列的内部研究分析，组织成员对评估结果认可度较高	（1）未能经过足够的案例验证，科学性、严谨性有待检验。 （2）缺乏成功案例可供借鉴，需要评估人员自行摸索。 （3）没有数据库支持

◆第四步：成立临时评估机构

成立临时评估机构全面负责岗位价值评估方案的制定、实施、跟进、改善等，是增强评估效果的重要保障。在成立临时评估机构时，企业要重点做好以下几个方面：

（1）针对岗位专业、序列等，设置多个评估小组，例如：面向技术岗位设置技术岗位评估小组，面向财务岗位设置财务岗位评估小组，等等。

（2）尽可能地选择对岗位较为熟悉的评估人员。

（3）部门管理人员应参与本部门评估。

（4）为提高评估结果的客观性、公平性，在评估小组中应加入企业外部人员。

（5）针对评估小组不同成员对岗位的认识程度设置不同的权重。

某企业岗位价值评估临时评估机构设置情况示意（部分）如表3-16所示。

表3-16 某企业岗位价值评估临时评估机构设置情况示意（部分）

类型	评估对象	评估小组成员	权重设置
总部1	总部经理、分公司高管	财务经理、销售经理、研发经理、物流经理、分公司总经理、项目小组	（1）高管权重设置：研发经理（30%）、销售经理（35%）、其他高管（20%）、被评估部门经理（15%） （2）最终权重设置 高管（40%）、项目小组（60%）
总部2	总部经理以下岗位	财务副经理、销售副经理、研发副经理、物流副经理、分公司主管、项目小组	各部门副经理（30%）、分公司主管（25%）、项目小组（45%）
……			

◆第五步：编制岗位实施计划与说明

岗位实施计划与说明能够为岗位价值评估的稳步有序推进提供强有力的支持。部分企业需要评估的岗位数量较多，而且不同岗位可能需要差异化的评估方法，例如：有的岗位适合要素比较法，有的岗位适合岗位排序法，有的岗位适合岗位分类法，等等。某公司岗位实施计划与说明（部分）如表3-17所示。

表3-17 某公司岗位实施计划与说明（部分）

岗位地点	
总部高管：现场监督指导，分散评估，在规定时间内提交评估结果	
其他人员：公司数字化工厂，现场评估并提交评估结果	
备注：分公司岗位评估时，总部统一安排时间有序评估	
岗位评估时间	
每次持续3小时，上午8点30分开始，参评人员提前10分钟到场	
上午	8点30分至11点30分
下午	14点30分至17点30分

续表

场次建议			
类型	部门	评估人员	场次安排
总部1	总部经理及以上岗位	18	场次1
总部2	财务部、销售部、技术部、生产部	22	场次3
总部3	总经办、采购部、物流部、营销部、行政部、信息部	25	场次3
子公司1	财务部、营销部、客服部、技术部	21	场次4
子公司2	财务部、营销部、技术部、售后部	23	场次5
分厂1	生产部、销售部、物流部、仓储部	15	场次6
分厂2	生产部、销售部、物流部、仓储部	15	场次7
分厂3	生产部、销售部、物流部、仓储部	15	场次8
项目小组	所有待评估岗位		全天
项目小组成员：HR专家、待评估岗位直属上级、待评估岗位代表			
岗位评估方式			
电脑打分：电脑利用岗位评估模型为待评估岗位打分并汇总			
存档方式：生成电子存档，并打印书面文件			
命名规范：岗位名称，例如：销售员			
岗位评估流程			
外部专家现场辅导，评估人员打分，打分结果确认，提交结果			

◆第六步：开展岗位价值评估及结果汇总

按照岗位价值评估计划实施岗位评估，并对评估结果进行汇总处理。在评估前，需要让所有评估人员了解此次评估所用评估模型的特点、用法等，从而使评估过程更为规范，并提高评估效率。开展岗位价值评估时需要注意以下几点：

（1）按照同样的尺度评估各岗位，评估人员不能依据个人喜好区别对待。

（2）用事实说话，根据真实、客观的数据、资料进行评估。

（3）明确评估内容，清晰精准地描述评估范围。

完成岗位价值评估后，便要根据预设规则对评估人员得分进行加权处理，得到各岗位的最终得分，并在此基础上绘制岗位等级架构表，如表3–18所示。

表3–18 某企业岗位等级架构表（部分）

等级	销售部	财务部	技术部	行政部
13			经理	
12	经理	经理	研发总工程师	经理
11			实验室主任	
10	主管	高级财务专员	主管	主管
9			技术骨干	
8	金牌销售员	法务专员 审计专员 会计		保安队长
7	银牌销售员		工程师	
6	铜牌销售员			
5				保安、司机

3.3 薪酬定位

3.3.1 薪酬定位的三种基本模式

薪酬定位是明确企业薪酬水平在市场中的位置的决策过程，是影响企业薪酬水平竞争力的关键因素，也是企业制定薪酬等级标准、等级范围及薪酬政策的基础和前提。目前，薪酬定位受到了越来越多企业的高度重视，市场中主流的薪酬定位模式主要包括三种，如图3–3所示。

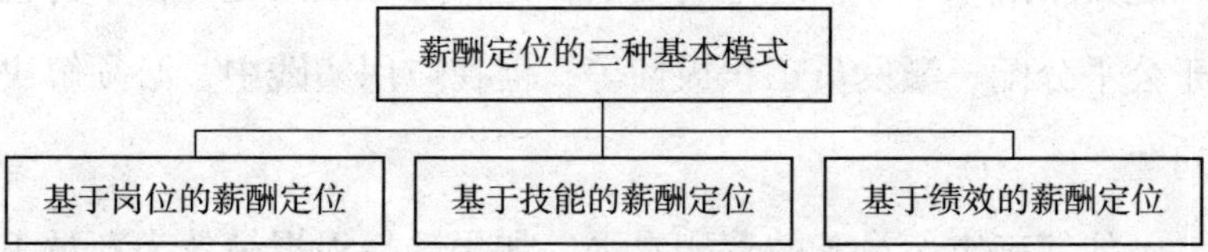

图3–3 薪酬定位的三种基本模式

◆基于岗位的薪酬定位

基于岗位的薪酬定位（Position-based Pay）是指针对各类岗位进行岗位评估，确定其对企业的贡献，之后结合市场薪酬情况制定各岗位薪酬水平。这种定位模式必须做到人岗匹配，也就是岗位任职者必须是能够胜任该岗位的人，否则企业不仅不能完成各种战略规划，还会使有才能的员工产生不公平感，引发人才流失问题，对企业的生存发展造成较大负面影响。

◆基于技能的薪酬定位

基于技能的薪酬定位（Skilled-based Pay）是根据员工掌握的技能和岗位需求确定企业薪酬水平。这种定位模式相对合理，但其前提是所有的员工对工作都能保持较高的积极性。1957年，美国行为科学家麦格雷戈（Douglas McGregor）在《企业中人的方面》一文中提出了“Y理论”，该理论将人性假设为“喜爱工作、发自内心地愿意承担责任”。

但实践经验告诉我们，员工对工作的态度和积极性是存在一定差异的，有的员工有能力，但工作积极性低，不愿意为企业贡献价值；有的员工虽然能力较差，但工作非常勤奋，可以为企业贡献较高的价值。在这种情况下，如果企业完全根据技能进行薪酬定位，将造成分配不公，从而降低员工工作积极性。

◆基于绩效的薪酬定位

基于绩效的薪酬定位（Performance-based Pay）是根据员工绩效考核结果确定其薪酬水平。在理论角度上，这种定位模式更为科学合理，更有利于公平分配、激发员工积极性等，但在应用实践中，必须解决以下两个问题：

（1）如何确定新员工的薪酬水平。如果选择根据绩效为新员工确定薪酬水平，由于新员工刚入职时没有绩效，只能基于岗位或基于技能确定其薪酬水平。新员工实习期过后，便有了足够的绩效数据确定其薪酬水平，但改变薪酬定位模式必然会涉及薪酬数额变化，如果为员工加薪，其薪酬水平可能高于其市场价值，增加企业人力成本；如果对员工减薪，则相当于否定了其对企业的价值，增加企业员工流失率。

想要解决该问题，较为可行的方案是参照新员工在原单位的薪酬水平（对于应届毕业生，可以参考同行对应届毕业生的薪酬定位），然后结合该员工在工作中的实际表现（包括对岗位的适应能力、团队协作能力、业绩表现等）确定其薪酬水平。

（2）如何基于老员工的绩效考核结果确定其薪酬水平。绩效考核结果是相对的，脱离特定的企业便没有意义，比如在A公司中，业务员销售额达到20万元以上时，便属于高水平业绩，但在B公司中，这种销售额可能属于低水平业绩。所以，确定绩效考核结果也会涉及公平性、公正性问题，不同行业、企业，以及绩效考核方法和模型的差异等都会影响绩效考核结果，从而影响老员工的薪酬水平。

想要解决该问题，比较可行的方案是结合岗位的市场薪酬情况、岗位对企业的贡献价值、员工工作年限和贡献价值来确定其薪酬水平。

3.3.2　影响薪酬定位的主要因素

影响薪酬定位的主要因素如图3-4所示。

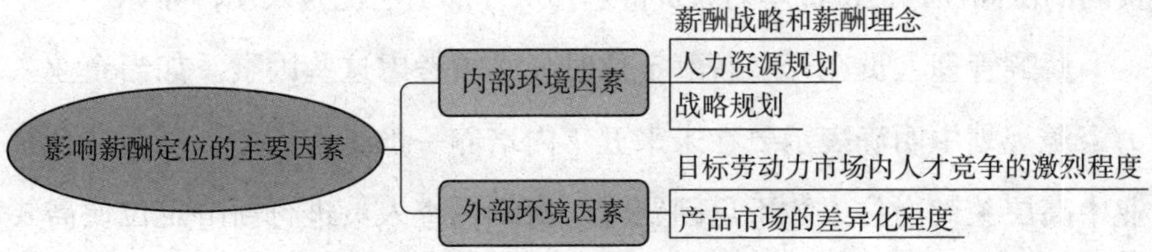

图3-4　影响薪酬定位的主要因素

◆制约薪酬定位的内部环境因素

（1）薪酬战略和薪酬理念。目前，很多国内企业薪酬管理存在“大锅饭”现象、薪酬竞争力和激励性不足、新老员工薪酬矛盾、薪酬调整机制不完善等问题，而薪酬体系设计就是要尽可能地解决这些问题。企业设计薪酬体系时，通常有着明确目标，而且该目标和企业的薪酬战略与薪酬理念存在密切关联。薪酬定位是薪酬体系设计的环节之一，必然也会受到企业薪酬战略和薪酬理念的影响。

薪酬并非仅是关于“如何为员工发钱”的问题，还要帮助企业吸引、留存那些对企业贡献价值较高的人才，提高员工工作积极性，推进企业战略规划得以落地实现。为此，企业需要建立科学合理的薪酬战略，确定价值分配时的基本原则、价值导向，给出薪酬支付时应该参考的因素（包括岗位重要性、员工技能熟练度、绩效考核结果等）。同时，企业需要树立健康可持续的薪酬理念（如强调创新、强调绩效、强调岗位职责、强调对组织忠诚等），确定价值分配时的重点倾斜对象。显然，这两点都会影响薪酬管理人员的薪酬定位结果。

（2）人力资源规划。人力资源规划对企业薪酬定位有着重大影响。企业人力资源规划中，会明确企业未来发展时的人力资源需求以及满足这些需求需要的方法、手段、策略等。例如：企业对自身的人才培养体系不断优化完善，逐步提高员工业务能力和综合素质；实施轮岗制，增强组织成员间的协同性；提供优厚的薪资待遇，从外部引进优秀人才；等等。

薪酬管理人员在开展薪酬定位时，必须考虑这些因素。如当企业人力资源规划中明确表示要在未来五年内培养一批优秀人才，以便迎合企业中高层关键岗位人才不足问题时，薪酬调查人员进行薪酬定位便需要考虑如何保障薪酬水平具有足够的竞争力以留住优秀人才，并激励他们不断学习成长，从而适应中高层关键岗位的工作需要；在确定整体薪酬水平的基础上，确定基本工资等静态薪酬，奖金、绩效工资等动态薪酬以及交通补贴、五险一金等人态薪酬。

（3）战略规划。企业战略规划也会影响薪酬定位。在市场低迷状态下，企业可能会采取收缩战略，控制成本支出，从而缓解现金流压力，此时，薪酬管理人员进行薪酬定位就需要重点考虑怎样帮助企业控制人力成本。在市场快速发展阶段，企业往往会采取扩张战略，不断提高自身的经营业绩和市场份额，此时，薪酬管理人员进行薪酬定位就需要重点考虑如何激发员工能动性，使其尽最大能力地生产产品、开发新客户等。

除了上述三个因素外，影响薪酬定位的内部环境因素还包括企业支付能力、业务扩张速度、人才培养周期等。

◆外部环境因素

（1）目标劳动力市场内人才竞争的激烈程度。员工和企业是双向选择的关系。对于优秀人才这种稀缺资源，劳动力市场中的竞争非常激烈，如果薪酬管理人员在薪酬定位时忽略这一因素，不能确定有足够竞争力的薪酬水平将使企业很难吸引并留住优秀人才。如果是普通员工，劳动力市场竞争程度较弱，薪酬管理人员往往只需要按照劳动力市场薪酬中等水平进行薪酬定位即可。

（2）产品市场的差异化程度。产品市场差异化程度也是影响薪酬定位结果的一项重要因素。当产品市场差异化程度较高时，人才流动性相对较低，企业想要留住现有人才或从市场中引进优秀人才就需要付出较高的成本，即确定高水平薪酬。当产品市场差异化程度较低时，人才流动性相对较高，企业留住或引进目标人才的难度和成本相对较低。

除了上述两种因素外，影响企业薪酬定位的外部环境因素还包括法律法规、行业发展情况等。

3.3.3 实施薪酬定位的实用方法

在薪酬定位时，如何在控制薪酬成本和提高薪酬竞争力之间实现平衡，是薪酬管理人员面临的一项关键问题。实践证明，图3–5所示方法往往在企业薪酬定位时有颇为良好的表现。

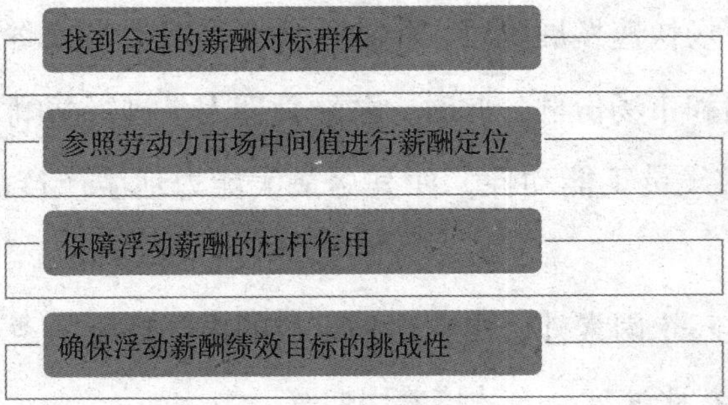

图3–5 实施薪酬定位的实用方法

（1）找到合适的薪酬对标群体。例如薪酬管理人员将行业内的一组公司作为标杆来确定企业的薪酬水平。采用这种方法进行薪酬定位时，如果标杆选取得当，薪酬定位效率和质量将得到大幅度提升。

不过，对大型企业或小微企业，选择标杆时，应该扩大样本范围，选择多组公司进行对比，从而避免偶然性造成的误差，确保薪酬定位结果的科学性、有效性。

（2）参照劳动力市场中间值进行薪酬定位。部分薪酬管理人员在开展薪酬定位时，会将劳动力市场中高值（75%）确定为企业的薪酬水平。然而，从实践效果来看，这种定位方式很容易造成企业薪酬成本过高问题，员工为企业贡献的价值低于其获得的薪酬数额。对于绝大部分员工而言，其薪酬水平和劳动力市场中间值基本一致即可。而且将劳动力市场中间值作为企业薪酬水平后，结合奖金、分红等浮动薪酬，那些积极为企业贡献价值的员工薪酬水平同样可以达到劳动力市场中高值。

（3）保障浮动薪酬的杠杆作用。为提高员工工作积极性，激发其活力和创造力，企业在基本薪酬外设置浮动薪酬是很有必要的。浮动薪酬的发放应该和绩效考核结果密切相关，这样才能发挥浮动薪酬的杠杆作用。在理想状态下，浮动薪酬应该包括短期薪酬和长期薪酬两部分，从而保障激励的长期性。长期薪酬主要以股权期权的形式体现，当员工满足一定要求后，便可获得一定比例的股权期权。

如何确定浮动薪酬在整体薪酬中的比重以及其考核方式，也是薪酬管理人员需要思考的重要问题。很多企业虽然设置了浮动薪酬，但对其连续几年的薪酬支出数据进行分析，可以发现员工每月拿到的薪酬并无太大的波动，这造成的负面影响是浮动薪酬的杠杆作用并不能得到充分发挥。

为避免这种问题，薪酬管理人员应该增加浮动薪酬的风险性。当员工绩效增加或减少幅度较大时，浮动薪酬也会出现相应程度的增加或减少。例如：低绩效月份奖金几乎为零，高绩效月份奖金可以翻倍，等等。

从实践经验来看，浮动薪酬在整体薪酬中占40%左右时，是一个较为合理的数字。美国、英国、澳大利亚等绩效管理水平较高的国家，已经建立了较为完善的薪酬激励机制，当员工想要获得并兑现长期激励时，必须满足严格的绩效要求。如股东总回报超过同期对比群体回报指数，简单地讲，就是公司业绩表现要能超过股东潜在投资回报，从而体现出员工对企业价值的贡献。

（4）确保浮动薪酬绩效目标的挑战性。很多企业倾向于制定高标准的目标，这种目标确实很难实现，但它具有较高的挑战性，可以更好地激励组织成员共同奋斗。而实现了高标准的目标后，企业也应该向员工提供更多的奖励。所以，薪酬管理人员在制定浮动薪酬绩效目标时，也应该充分确保该目标的挑战性，以便对员工产生更持久、更强烈的激励效果。浮动绩效目标除了挑战性外，还要做到可衡量、清晰明确、和企业发展现状相匹配等。

3.3.4 实施薪酬定位的操作步骤

薪酬管理人员开展薪酬定位时，可按照定岗位、定岗级、定薪档三个步骤完成（见图3-6）。

图3-6 实施薪酬定位的操作步骤

◆步骤一：定岗位

定岗位是指结合岗位性质、内容、对企业的价值贡献等，确定各岗位的名称及在企业中的位置，从而提高企业运行效率，保障分配公平。通过定岗位，薪酬管理人员可以得到岗位职级矩阵表，某公司岗位职级矩阵表（部分）如表3-19所示。

表3-19 某公司岗位职级矩阵表（部分）

薪级	管理序列	职能序列	技术序列	项目序列
8	总经理、副总经理			
7	总经理助理、部门经理	专家级专业人员	专家级工程师	高级项目总监
6	部门主管			
5		资深专业人员	资深工程师	项目总监
4		高级专业人员	高级工程师	高级项目经理
3		项目主审、绩效管理专员	土建工程师、热力工程师、工程造价专员	文书、财务出纳、财务会计、档案管理专员

续表

薪级	管理序列	职能序列	技术序列	项目序列
2		助理专业人员	助理工程师	助理项目经理
1				

◆步骤二：定岗级

定岗级是指确定企业各岗位的具体职级，需要考虑岗位工作内容、任职资格、对企业的贡献价值等。定岗级的结果与人岗匹配度有直接关联，只有保障较高的人岗匹配度，才能确保员工真正适合该岗位，无论是对员工的自身成长，还是对企业参与市场竞争，都有非常积极的影响。

那么，薪酬管理人员应该如何定岗级呢？以腾讯技术岗位定岗级为例，腾讯技术岗位分为T1、T2、T3、T4四个级别，其中每个级别又分为三个小级，如表3-20所示。

表3-20 腾讯技术岗位的岗级划分　　单位：元

级别		基本定义	薪酬范围
T1（应届生）	1.1	低端岗位	10千+
	1.2	本科生	
	1.3	研究生	
T2	2.1	博士生	10千以上，14万以下
	2.2	工程师	15千以上，21万以下
	2.3	工程师	20千以上，28万以下
T3（高级）	3.1	资深工程师	23千以上，32万以下
	3.2	技术专家	50万~70万
	3.3	总监级	60万~70万
T4（专家）		总监以上	大于100万

（1）价值观。此处的价值观主要是指符合该岗位需求的价值观，包括员工的忠诚度、创造力、事业心等。

（2）行为能力。此处的行为能力是指符合该岗位工作需求的行为能力，包括学习能力、合作能力、沟通能力、分析能力、解决问题的能力等。对于处在关键位置的员工，还要求其具备较强的领导能力，能够激发下级的工作积极性。

（3）知识技能。此处的知识技能是指该岗位所需的专业知识和技能，包括业务能力、工作流程和标准知识、产品知识等。

由于价值观是隐性的，薪酬管理人员评估员工价值时更多地需要和该员工同事、上下级沟通。而知识技能通过一定的培训，也可以让员工获得，但行为能力的获取就复杂得多，而且很多薪酬管理人员对此缺乏足够的重视，认为评估员工行为能力可有可无。但事实并非如此，员工行为能力对其工作表现有着深远影响。

评估员工行为能力时，可以建立并运用员工能力素质模型，如图3–7所示。

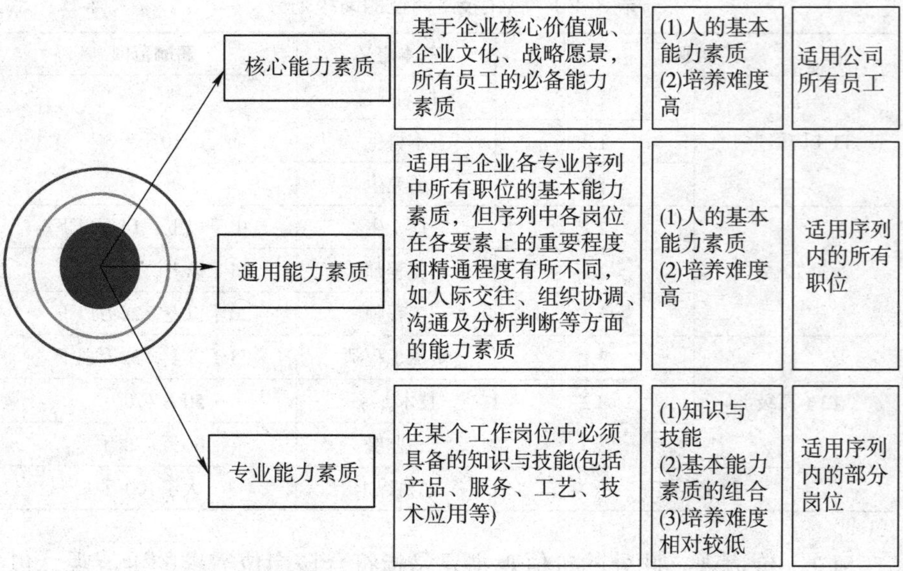

图3–7　员工能力素质模型

◆步骤三：定薪档

定薪档是确定各岗级岗位的薪酬水平的过程。实践中，薪酬管理人员如何定薪档呢？下面提供了某公司各岗位定薪档模型（见表3–21至表3–24）。

表3–21 某公司操作类岗位定薪档模型 （%）

因素	权重	因素及分值						
学历	15	名称	初中、小学	技校、职高、高中、业余中专	业余大专	全日制中专	全日制大专/业余本科	全日制本科以上
		对应分值	1.5	2.4	3.8	6.0	9.5	15.0
工龄	35	年限	2年及以下	3~4年	5~8年	9~12年	13~17年	18年及以上
		对应分值	3.5	5.1	7.5	11.1	16.2	23.8
能力胜任度	50	等级	F	E	D	C	B	A
		对应分值	5.0	7.9	12.6	19.9	31.5	50.0

表3–22 某公司管理、技术类岗位定薪档模型 （%）

因素	权重	因素及分值						
学历	25	名称	业余中专、技校、职高、高中、初中、小学	业余大专	全日制中专	全日制大专或业余本科	全日制本科	双学位及研究生课程班结业及以上
		对应分值	2.5	3.5	4.8	6.7	9.3	12.9
工龄	25	年限	2年及以下	3~4年	5~8年	9~12年	13~17年	18年及以上
		对应分值	2.5	3.7	5.4	7.9	11.6	17.0
能力胜任度	50	等级	F	E	D	C	B	A
		对应分值	5.0	7.9	12.6	19.9	31.5	50.0

表3-23　某公司科级以上定薪档模型　（%）

因素	权重	因素及分值						
学历	20	名称	业余中专、技校、职高、高中、初中、小学	业余大专	全日制中专	全日制大专或业余本科	全日制本科	双学位及研究生课程班结业及以上
		对应分值	2.0	2.8	3.9	5.4	7.5	10.4
工龄	20	年限	2年及以下	3~4年	5~8年	9~12年	13~17年	18年及以上
		对应分值	2.0	2.9	4.3	6.4	9.3	13.7
任职年限	20	年限	1年及以下	2~3年	4~5年	6~7年	8~9年	10年及以上
		对应分值	2.0	3.2	5.0	7.9	12.5	20.0
能力胜任度	40	等级	F	E	D	C	B	A
		对应分值	4.0	6.3	10.0	15.8	24.9	40.0

表3-24　某公司定薪档分数参照

职档	分值区间	
	最小值	最大值
1	10	13
1B	14	17
2	18	23
2B	24	30
3	31	35
3B	36	40
4	41	47
4B	48	55
5	56	61
5B	62	67
6	68	72
6B	73	77
7	78	80
7B	81	84
8	85	92
8B	93	100

3.4 薪酬结构设计

3.4.1 薪酬结构设计的基本方法

在某种程度上，我们可以将薪酬结构设计理解为对建立的职位等级和技能等级定价的过程。薪酬结构设计是薪酬体系设计中的一个重要步骤，在设计薪酬结构时，薪酬管理人员必须考虑薪酬体系的两大目标，即帮助企业控制薪酬成本并有效激励员工。

建立科学的职位等级、确定合理的薪酬水平是薪酬结构设计的关键切入点。薪酬管理人员设计薪酬结构时采用的基本方法如表3–25所示。

表3–25 薪酬结构设计的基本方法

方法	操作思路	方法评价
基准职位定价法	选取合适的基准职位，分析其市场薪酬水平，并开展企业内部薪酬调查，从而确定薪酬结构	该方法既参考了外部薪酬水平，又获取了内部薪酬反馈，可以保障企业薪酬水平竞争力和分配公平性，在国内外各行业被广泛采用
直接定价法	完全根据市场薪酬情况决定企业薪酬结构和标准，具有强烈的市场导向性	这种方法更适合那些产品更新迭代速度快、应变能力强的市场驱动型企业。劣势在于忽略了内部意见，想要推进薪酬体系得以快速落地，薪酬管理人员必须做好充分的内部沟通
设定工资调整法	结合企业实际情况，为基准职位确定薪酬标准，之后根据岗位分析和岗位价值评估结果设计薪酬结构	采用这种方法时，薪酬管理人员通常是先确定基准岗位的最高和最低薪酬水平，然后逐步设定中间岗位的薪酬水平，这在一定程度上保障了内部分配平衡，但因为未能参考外部市场薪酬情况，可能会出现企业薪酬水平竞争力不足问题
当前工资调整法	在现有薪酬体系基础上对薪酬结构进行优化完善，特别是对那些分配不公平、薪酬水平竞争力不足、内部争议较大的岗位进行重点调整	这种方法调整幅度较小，成本较低，不过可能出现“头痛医头、脚痛医脚”问题

3.4.2 薪酬结构设计的五个原则

设计科学合理的薪酬结构可以降低员工流失率，吸引外部优秀人才，激发组织成员工作积极性，推动企业持续稳定增长。设计薪酬结构时，企业应该遵循以下原则：

（1）认可性原则。如果薪酬结构得不到组织成员的认可与支持，无论其设计理念、技术、模型等多么先进，都很难发挥预期效果。所以，薪酬管理人员在设计薪酬结构时，应该向组织成员清晰明确地描述为什么要制定这样的薪酬决策、薪酬结构为什么包括这几类、这种薪酬结构为什么适合企业等。为了提高组织成员对薪酬结构的认可度，薪酬管理人员可以让组织成员参与到薪酬决策过程中，积极搜集他们的反馈意见等。

（2）公平性原则。薪酬结构是否公平，将对其实施效果产生直接影响，也是薪酬管理人员设计薪酬结构时需要重点考虑的关键因素。只有保障薪酬结构的公平性，才能得到员工的信任与支持。这种公平性体现在两个方面。

外部公平性。和同一地区、同类企业的相同或类似岗位相比，企业薪酬结构的构成要素、各要素数额等不应该有较大差异。

内部公平性。根据岗位对企业的价值贡献量确定其薪酬结构，保障分配公平。

（3）激励性原则。企业的薪酬结构应该对员工产生足够的激励作用，让那些积极主动为企业创造价值的员工获得更高的回报，激发员工的活力和创造力，促进内部良性竞争，为企业提供源源不断的活力和发展动力。

（4）经济性原则。盈利是企业的根本目的，为员工提供高标准的薪酬待遇，固然可以提高其忠诚度和归属感，但也会提高企业的薪酬成本，违背企业追求盈利的初衷。所以，设计薪酬结构时，薪酬管理人员也应该考虑经济性原则，将薪酬成本控制在合理范围以内。

（5）合法性原则。薪酬管理人员设计的薪酬结构必须是合法的，不能违背《中华人民共和国劳动法》等法律法规，否则不仅会在实施过程中出现各种问题，还会遭到有关部门的惩罚。

3.4.3　基于岗位性质的薪酬结构

设计薪酬结构时，薪酬管理人员应该充分考虑岗位性质，根据性质的差异，岗位可以分为以下几类：

（1）管理序列岗位。管理序列岗位是指从事管理工作并拥有管理职务的岗位。管理序列岗位的职能包括计划、组织、领导、控制四类，这些职能的多寡将作为企业为这类岗位付薪的依据。

（2）职能序列岗位。职能序列岗位是指为各业务部门及公司事务提供支持、服务的岗位。企业根据其辅助、支持的重要程度确定其薪酬水平。

（3）技术序列岗位。技术序列岗位是指有较高技术含量，以研发、设计、操作类工作为主的岗位。企业根据该岗位的劳动强度、技能要求等确定其薪酬水平，其薪酬结构除了包括常规的基本工资、补贴外，通常还包括项目奖金。

（4）销售序列岗位。销售序列岗位是指面向客户或用户的、从事专职销售的岗位，通常没有固定的工作场所。

（5）操作序列岗位。操作序列岗位是指从事生产、装配、运输等作业的岗位，有着固定的工作场所，以计件工资制为主。

薪酬管理人员可以根据上述岗位特征分别确定各类岗位的薪酬结构，如表3–26所示。

表3–26　基于岗位性质的薪酬结构

岗位类型	薪酬结构
管理序列岗位	年基本收入+年其他收入，其中，年基本收入包括月固定工资、月绩效工资、年度延迟支付工资；年其他收入包括企业业绩分红、工龄工资、各类补贴
职能序列岗位	年基本收入+年其他收入，其中，年基本收入包括月固定工资、月绩效工资、年度延迟支付工资；年其他收入包括企业业绩分红、工龄工资、各类补贴
技术序列岗位	年基本收入+年其他收入，其中，年基本收入包括月固定工资、月绩效工资、项目奖金、年度延迟支付工资；年其他收入包括企业业绩分红、工龄工资、各类补贴
销售序列岗位	年基本收入+年其他收入，其中，年基本收入包括月固定工资、佣金、销售奖金、年度延迟支付工资；年其他收入包括工龄工资、各类补贴
操作序列岗位	年基本收入+年其他收入，其中，年基本收入包括月固定工资、计件工资、年度延迟支付工资；年其他收入包括工龄工资、各类补贴

3.4.4　薪酬结构设计的实施要点

从薪酬结构要素角度上，薪酬管理人员在设计薪酬结构时，必须遵循的实施要点如表3–27所示。

表3–27　薪酬结构设计的实施要点

薪酬结构要素	实施要点
月固定工资	（1）明确设计月固定工资的目的，即满足员工的基本生活需求。 （2）注意月固定工资的下限，即不低于当地最低生活标准线。 （3）确定月固定工资在员工整体薪酬中占据的比重，即根据岗位等级、对企业价值贡献等综合确定，通常岗位等级越低，该比重越大
月绩效工资	（1）明确设计月绩效工资的目的，即及时考核员工的工作表现，激励员工保质保量地完成工作。 （2）注意月绩效工资的上限，即和员工月度绩效考核结果密切相关，存在一定的不确定性。一方面，上限不能太低，因为太低的上限会降低员工工作积极性；另一方面，上限不能太高，因为过高的上限会显著提高企业的薪酬成本。 （3）确定月绩效工资在员工整体薪酬中占据的比重，即根据员工绩效考核结果、岗位等级确定

续表

薪酬结构要素	实施要点
年度延迟支付工资	（1）明确设置年度延迟支付工资的目的，即对员工形成长期激励、留住优秀人才、缓解现金流压力等。 （2）确定年度延迟支付工资在员工整体薪酬中占据的比重，通常为10%～20%
企业业绩分享	（1）明确设计企业业绩分享的目的，即促进内部收入平衡，当企业获得较高业绩时，将部分利润分享给员工。同时，将计件制和佣金制员工薪酬与其绩效建立连接，使其收入和企业经营业绩呈正相关关系。 （2）确定企业业绩分享在员工整体薪酬中占据的比重，企业业绩分享属于企业分红范畴，在员工整体薪酬中占据的比重相对较小
工龄工资	（1）明确设计工龄工资的目的，即提高员工对企业忠诚度，帮助企业留住经验丰富的优秀人才。 （2）注意工龄工资的上限。通常工龄工资会设置10年的上限，即工龄达到10年时，工龄工资便不再增长。 （3）确定工龄工资在员工整体薪酬中占据的比重，工龄和员工实际能力并无直接关联，也不符合根据员工实际价值定薪的理念，所以，工龄工资在员工整体薪酬中占据的比重相对较小
各类补贴	（1）明确设计各类补贴的目的，即补偿员工在特殊条件下工作付出额外劳动或额外支出的工资补充形式，对提高员工满意度有重要意义。 （2）注意各类补贴的上限。各类补贴是企业额外的人工成本支出，所以，薪酬管理人员应该对其数值进行严格控制，结合员工实际情况给予补贴。 （3）对补贴项目进行及时调整，即根据企业战略规划，有针对性地增加或减少补贴项目，比如在优化企业学历结构时，可以开设学历工资补贴项目
销售奖金	薪酬管理人员可以采用以下方式确定员工的销售奖金。 （1）考核员工是否达成预期销售额，只有完成预期销售任务，才能为员工发放销售奖金。 （2）分析客户拓展、货款回收率、客户投诉建议等确定员工销售奖金具体数额
计件工资	计件工资主要面向生产操作类员工，用以激励其提高工作效率，帮助企业保质保量地完成生产计划

CHAPTER 4 | 薪酬成本管理

4.1 制定薪酬预算

4.1.1 薪酬预算目标与关键因素

◆薪酬预算目标

薪酬预算是薪酬成本控制的关键模块，是企业对一系列人工成本开支进行权衡和取舍的过程，保障了企业在预算周期内的整体薪酬成本得到一定程度的协调和控制。企业开展薪酬预算主要是为了达成三个目标，如图4-1所示。

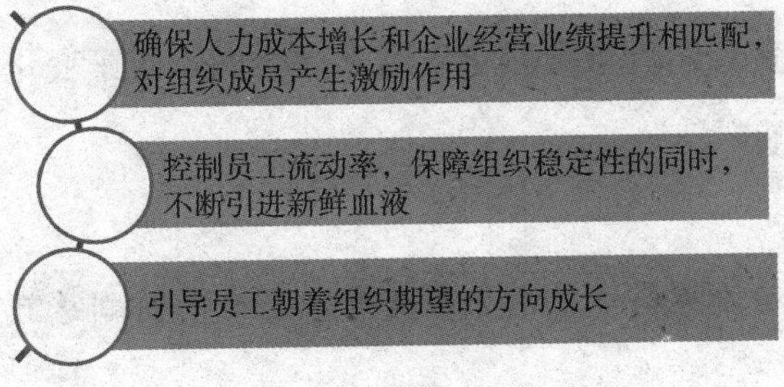

图4-1　企业开展薪酬预算的主要目标

（1）确保人力成本增长和企业经营业绩提升相匹配，对组织成员产生激励作用。在共建共享、共创共赢理念指引下，越来越多的企业开始重视和员工分享利润，但具体分享多少利润是合适的，必须由科学的理论和方法确定，而薪酬预算可以为此提供依据，在提高员工薪酬水平的同时，实现企业利益最大化。

（2）控制员工流动率，保障组织稳定性的同时，不断引进新鲜血液。薪酬水平是影响人们择业的重要因素，致力于实现基业长青的企业应该将员工流动率控制在合理范围内。当员工流动率较高时，员工难以对企业形成归属感、依赖感，不利于企业留住人才；当员工流动率较低时，员工压力不足，容易消极懈怠，导致企业竞争力和创新能力不足。因此，通过薪酬预算将员工流动率控制在合理范围是很有必要的。

（3）引导员工朝着组织期望的方向成长。薪酬预算向员工明确了企业重视哪些行为和结果，从而引导员工朝着这些方向努力。例如：调整薪酬结构后，某系列岗位序列薪酬水平提升，体现了企业发展战略的调整；对提供建设性反馈意见行为提供奖金，体现了企业鼓励员工发挥创造力；提升浮动薪酬在员工整体薪酬中占据的比重，体现了企业期望员工提高绩效水平；等等。

◆薪酬预算需要考虑的因素

在制定薪酬预算时，企业必须重点考虑以下因素：

（1）企业外部环境因素。企业薪酬预算的制定，受外部劳动力市场价格变化、消费者物价指数变化、国家社会保障政策变化等一系列外部环境因素的影响。

当外部劳动力市场价格发生改变时，企业的薪酬总额预算需要做出相应调整。

当消费者物价指数发生改变时，企业的基本薪酬预算需要做出相应调整。

当国家社会保障政策发生改变时，企业的社保费用预算需要做出相应调整。

（2）企业内部因素。除了外部环境因素外，企业内部因素也会影响薪酬预算。影响薪酬预算的企业内部因素包括历史薪酬增长率、劳动分配率、企业薪酬支付能力等。

健康的薪酬增长率应该处于相对稳定状态，尽量避免发生大幅度波动，以便对员工产生长期性激励作用，所以，制定薪酬预算时，必须要考虑薪酬增长率因素。

劳动分配率（企业人工成本占企业增加值的比重，企业增加值包括折旧、税收净额、企业利润、劳动者收入等）体现了企业人工成本相对水平的高低程度，对薪酬预算有直接影响。

企业薪酬支付能力较高意味着企业薪酬预算具备更大的上调空间，反之则上调空间较小。

薪酬管理人员如何科学衡量企业的薪酬支付能力呢？可以按照表4–1所示步骤进行。

表4–1 衡量企业薪酬支付能力的步骤

步骤	操作办法
1	根据企业历史年度财务报表，计算各年度企业增加值和人力成本
2	从人力资源档案库中获取年度员工数量等数据
3	计算各年度人均企业增加值和人均人力成本

续表

步骤	操作办法
4	计算各年度劳动分配率，并分析其变化趋势和原因
5	计算人均企业增加值增长率与人均成本增长率，当前者大于后者时，说明企业具备较强的薪酬支付能力，反之则说明企业薪酬支付能力较低

4.1.2 薪酬总额预算的实战方法

薪酬总额预算的思路可以分为两大类，即自上而下法和自下而上法，如表4-2所示。

表4-2 薪酬总额预算的两种思路

方法	说明	优点	缺点
自上而下法	首先由企业高层管理者确定整体薪酬总额和调整幅度，然后分解为各部门薪酬总额和调整幅度，最后各部门据此确定各岗位薪酬水平和调整幅度	有利于企业的战略目标实现与人力成本控制	灵活性较差，而且带有高层管理者强烈的个人色彩，不利于发挥员工创造力
自下而上法	首先对部门内各岗位一定周期的薪酬水平进行评估，然后进行汇总得到部门薪酬总额，之后对各部门薪酬总额进行汇总，得到企业整体薪酬总额	可操作性较强，各部门可以按照预设规则对各岗位薪酬水平进行评估，之后对数据进行汇总即可	工作量大、时间成本高、难以和企业战略目标相融合，而且难以激励管理者制定长期性决策

自上而下法操作简便，成本较低，非常适合规模较小、组织结构简单的中小企业，其操作流程如图4-2所示。

在企业薪酬管理实践中，以下几种薪酬总额预算方法应用非常广泛。

（1）薪酬费用比率法。这类方法是通过控制薪酬费用比率来对薪酬总额进行控制。其中，薪酬费用比率的计算公式为：

$$薪酬费用比率=薪酬总额 \div 销售收入 \times 100\%$$

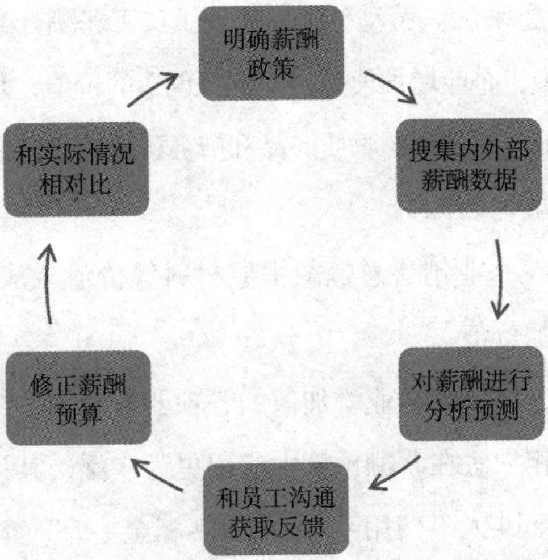

图4-2 薪酬总额预算自上而下法操作流程

根据该公式，如果企业想要保持薪酬费用比率较为稳定，提升薪酬总额时，就必须提高销售收入。薪酬管理人员应该如何确定企业的薪酬费用比率呢？当企业经营业绩较为稳定时，薪酬管理人员可以根据企业历史数据确定薪酬费用比率；反之，则可以参照行业平均数据确定薪酬费用比率。我们不妨结合一个实践案例来看如何运用薪酬费用比率法确定薪酬总额预算。

某公司现有员工100人，人均月薪6000元，根据公司年度规划，销售收入增长预计为10%。薪酬管理人员对历史数据进行统计后，计算出本公司的薪酬费用比率应该在15%左右。则该公司薪酬费用计算流程为：

去年公司薪酬费用总额=0.6×12×100=720（万元）

去年销售总额=720÷15%=4800（万元）

预计今年销售总额=4800×（1+0.1）=5280（万元）

预计今年薪酬费用总额=5280×0.15=792（万元）

（2）劳动分配率法。劳动分配率体现了员工薪酬分配在企业增加值中占据的比重，其中，企业增加值是企业本身创造的价值，是企业生产总值中扣除生产过程中消耗或转移的物质产品和劳务价值的部分。企业增加值的计算方法主要包括两种：

一是扣减法，企业销售总额减去原材料等价值（从其他企业购买且由其他企业创造的价值）。

二是相加法，将构成企业增加值的各项要素相加。

相对而言，相加法在薪酬预算中应用更为广泛，其计算公式为：

企业增加值＝利润＋人事费用＋财务费用＋租金＋折旧费用＋税收＋租金

利用劳动分配率法计算薪酬总额的公式为：

薪酬总额＝企业增加值×劳动分配率

（3）盈亏平衡点法。盈亏平衡点（也称零利润点、保本点、盈亏临界点、损益分歧点、收益转折点）是指企业全部收入等于全部成本时的产量。除了盈亏平衡点外，这种方法还涉及边际盈利点和安全盈利点。边际盈利点是指企业收益不仅可以满足全部成本支出，还能为股东分配适当股息；安全盈利点是指在为股东分配适当股息的同时，还能为企业应对潜在风险提供一定的保障资金。

我们不妨结合一个实践案例来分析盈亏平衡点法的应用策略。

某公司固定费用为4800万元，薪酬费用为1800万元，变动成本率为60%。

盈亏平衡点=4800÷（1−0.6）=12000（万元）

盈亏平衡薪酬费用比率=1800÷12000×100%=15%

如果企业还想拿出600万元为股东分配股息，则

边际盈利点=（4800+600）÷（1−0.6）=13500（万元）

边际薪酬费用比率=1800÷13500×100%=13.3%

如果企业还想预留1000万元用于应对潜在风险，则

安全盈利点 =（4800+600+1000）÷（1−0.6）=16000（万元）

安全薪酬费用比率 =1800 ÷ 16000 × 100%=11.3%

所以，该企业制定薪酬预算时，可以先根据历史数据计算出盈亏平衡点、边际盈利点、安全盈利点，以及盈亏平衡薪酬费用比率、边际薪酬费用比率及安全薪酬费用比率，然后根据实际需要，确定薪酬总额预算。

如果企业仅需要盈亏平衡，计算公式为：

薪酬总额预算 = 盈亏平衡点 ÷ 盈亏平衡薪酬费用比率

如果企业需要实现边际盈利，计算公式为：

薪酬总额预算 = 边际盈利点 ÷ 边际盈利薪酬费用比率

如果企业需要实现安全盈利，计算公式为：

薪酬总额预算 = 安全盈利点 ÷ 安全盈利薪酬费用比率

（4）人员编制法。人员编制法是基于企业现有人员编制，计算员工平均薪酬水平，然后计算企业薪酬总额预算，计算公式为：

薪酬总额预算 = 平均薪酬水平 × 标准编制量

具体操作流程如表4–3所示。

表4–3　人员编制法操作流程

序号	操作办法
1	计算企业现有岗位平均薪酬，并预测下一年行业薪酬增幅平均水平，然后确定企业下一年整体薪酬增幅和各岗位薪酬增幅
2	预测企业下一年各岗位人员编制
3	计算下一年企业薪酬总额预算，计算公式为： 薪酬总额预算 = Σ各工资等级平均薪酬 × 职工编制 ×（1+薪酬增幅）

4.1.3 开展薪酬预算的操作步骤

在此，我们不妨结合一个实践案例来了解开展薪酬预算的操作步骤。某企业员工规模150人，项目部处于独立运营状态，且旗下有一家投资公司和一家设备公司。

◆第一步：确定薪酬类型

该公司组织结构复杂，岗位类型和数量众多，为提高薪酬管理质量，应该采用年薪制、绩效工资制、岗位工资制相结合的薪酬模式。

◆第二步：确定各薪酬类型适用的具体人员构成

各薪酬制度的适用对象如表4-4所示。

表4-4 各薪酬制度的适用对象

薪酬制度	适用对象
年薪制	总经理、副总经理、总工程师、技术部经理和副经理、营销部经理和副经理、工程中心经理和副经理、商务中心经理和副经理
绩效工资制	营销业务员、营销助理，技术部设计员、调试员、化验员、部长、商务部预算专员、工程部全体人员
岗位工资制	总经理助理、总经办全体员工、财务部全体人员、商务中心采购员、后勤安保员、工程中心管理员、网络安全管理员

◆第三步：设计A/B/C类人员薪酬结构

该企业薪酬构成包括标准工资（包括岗位工资和绩效工资）、津贴、年终奖、其他。各薪酬制度的薪酬结构如表4-5所示。

表4-5 各薪酬制度的薪酬结构

类型	薪酬结构
年薪制	年薪（按月发放）
绩效工资制	标准工资、津贴、其他
岗位工资制	标准工资、津贴、年终奖、其他

◆第四步：进行薪酬总额预算

基于该企业年度经营目标、历史薪酬数据、各部门及岗位在工资整体薪酬成本中占据的比重等确定该企业薪酬总额预算，以及不同薪酬制度人员的薪酬总额预算。

薪酬总额预算涉及的内容包括：标准工资总额、津贴（包括通话补贴、交通补贴、外勤补贴等）总额、年终奖总额、其他（包括福利、工龄、加班等）总额。

津贴总额和其他总额是较为固定的薪酬，和企业经营业绩关联度较低，变化幅度相对较小，所以，薪酬管理人员可以单独预算这两个项目。在计算标准工资总额、年终奖总额时，薪酬管理人员需要了解企业各项成本、年度利润等数据。

进行标准工资总额预算时，可以运用自上而下思路，即高层管理者制定企业薪酬总额预算，然后减去年薪制人员年薪总额、年终奖总额、津贴总额、其他总额，得到标准工资总额。还可以采用自下而上思路，即薪酬管理人员根据企业历史薪酬水平、不同薪酬制度人员年度薪酬总额、劳动力市场平均水平等，确定绩效工资制人员和岗位工资制人员的薪酬总额预算，之后再确定标准工资总额预算。

◆第五步：进行各类人员薪酬额度预算

各类人员薪酬额度预算如表4–6所示。

表4–6 各类人员薪酬额度预算

人员类型	计算方法
年薪制人员	根据公司年度经营目标确定年薪总额预算，根据不同岗位对企业贡献的价值确定其标准年薪，在此基础上便可进行年薪制人员的薪酬额度预算，具体计算公式为： 薪酬额度＝标准年薪 × 年度考核系数（由季度考核平均值确定）
绩效工资制人员	根据员工岗位工作内容、年度薪酬水平、《绩效考核工资核算办法》、岗位绩效目标等确定该类人员的薪酬额度

续表

人员类型	计算方法
岗位工资制人员	根据岗位工资制人员历史薪酬数据和平均增长率确定标准工资总额预算和年终奖总额预算。对于中小企业，确定岗位工资制人员的年终奖额度时，可以分为三档，最低档为1倍标准工资，中档为1.5倍标准工资，最高档可设置为2倍标准工资

4.2 控制薪酬成本

4.2.1 分析企业的人工成本构成

分析企业的人工成本构成，是企业控制薪酬成本的基础性工作。

从企业视角上，企业人工成本是指企业因提供产品和服务而向劳动者支付的所有直接费用和间接费用的总和。工资总额、社会保险费用属于直接费用，而招聘费用、培训费用、福利费用、工会经费以及其他人工成本支出则属于间接费用。企业人工成本构成可分为员工工资总额、社会保险费用、其他人工成本三大类。

（1）员工工资总额。企业在一定周期内向员工支付的所有劳动报酬总和，工资、奖金、津贴等皆属此列。

（2）社会保险费用。社会保险筹集过程中，雇员和雇主根据法律规定向社会保险管理机构缴纳的费用。社会保险主要项目有养老保险、医疗保险、失业保险、工伤保险、生育保险，即人们通常所说的五险。养老保险、医疗保险及失业保险费用由单位和个人共同承担，而工伤保险和生育保险费用由单位承担。

那么，如何确定社会保险费数额呢？社会保险缴纳基数根据员工个人上一年度月均税前收入确定。不同地区的社会保险缴纳基数上限、下限存在一定差异，而且各项保险费用缴纳比例也有一定差异，具体数值由各地人力资源和社会保障部门制定。

以上海为例，2019年5月1日后，上海各项社会保险缴纳比例如表4-7所示。

表4-7 上海各项社会保险缴纳比例 （%）

项目	单位	个人	合计
养老保险	16	8	24
医疗保险	9.50	2	11.50
失业保险	0.50	0.50	1
工伤保险	0.16 ~ 1.52	—	0.16
生育保险	1.00	—	1
合计	27.17	10.50	37.66

社会保险费用在企业的人工成本中也是一笔不容忽视的支出，在工资总额中往往占据了超过30%的比重，其中养老保险费用在社会保险费用中占比最高。

（3）其他人工成本。其他人工成本构成如表4-8所示。

表4-8 其他人工成本构成

成本项目	明细
员工福利费用	医疗补助费、独生子女费、生活补助费、交通补贴、子女教育补贴、探亲假路费等
员工教育费用	企业鼓励员工学习知识技能，提升其业务能力和综合素质而支付的费用
劳动保护费用	主要是指工作服、手套、头盔等劳保用品费用
职工住房费用	企业为改善员工住房条件而付出的成本，具体包括职工宿舍租赁、维修，为员工提供住房补贴，以及为员工缴纳住房公积金等
工会经费	企业为满足工会活动需求而付出的成本

4.2.2 设计合理的薪酬成本指标

想要做好薪酬成本控制，薪酬管理人员首先应该了解企业当前的薪酬水平是否有足够竞争力、薪酬成本是否处于合理范围、未来一段时间的薪酬成本发展趋势等。为此，薪酬管理人员需要设计科学合理的薪酬成本指标，来清晰、明确、精准、高效地体现企业的薪酬成本状况。具体而言，薪酬管理人员需要设计的薪酬成本指标包括以下四类。

◆水平指标

水平指标用以体现企业人工成本水平，可细分为人均成本和单位产品成本。

（1）人均成本。人均成本是企业在一定周期内在组织成员身上平均支出的人工成本，计算公式为：

人均成本＝报告期人工成本总额 ÷ 员工人数

通过计算人均成本，薪酬管理人员可以了解一定周期内员工收入水平以及企业薪酬水平在市场中的竞争力，从而为其制定薪酬决策带来诸多便利。

（2）单位产品成本。单位产品成本体现了企业在一定周期内生产单位产品需要付出的人工成本，其计算公式为：

单位产品成本＝单位产品人工成本总额 ÷ 参与生产的员工人数

通过计算单位产品成本，薪酬管理人员可以了解企业的产品人工成本状况以及产品在人工成本方面的竞争力，从而指导企业的产品定价。

◆结构指标

企业人工成本结构指标主要包括两个部分：一是人工成本在产品总成本中占据的比重；二是人工成本各项构成比例关系。

（1）人工成本在产品总成本中占据的比重。人工成本在企业产品总成本费用中占据的比重是衡量企业市场竞争力的重要指标。商品价格是影响消费决策的关键因素，而商品价格除了受供需关系、品牌附加值等因素影响外，产品本身的成本也是一项重要因素。在产品同质化竞争愈演愈烈的背景下，人工成本在产品总成本中占据的比重将直接决定产品的市场竞争力，其计算公式为：

人工成本在产品总成本中占据的比重=产品人工成本总额÷产品成本费用总额×100%

其中，产品成本费用总额是企业生产、经营商品过程中各项费用总和，具体包括产品生产成本、物流成本、仓储成本、营销成本、销售成本、售后费用等。

（2）人工成本各项构成比例关系。根据上一节企业人工成本构成分析，我们知道企业人工成本主要由工资总额、社会保险费用及其他费用构成。工资总额是企业人工成本的主要构成部分，其在人工成本中占据的比重可以通过以下公式计算：

工资总额在人工成本中占据的比重=工资总额÷人工成本总额×100%

通常而言，社会保险费用约为企业工资总额的30%。不同公司在其他费用（包括培训、招聘）方面付出的成本存在一定差异，大型技术公司这类成本普遍较高，而中小企业普遍较低。

◆投入产出指标

投入产出指标可细分为人工成本利润率、劳动分配率、收入人工成本率。

（1）人工成本利润率。人工成本利润率体现了企业的盈利能力，其计算公式为：

人工成本利润率=企业利润总额÷人工成本总额×100%

当企业人工成本利润率下滑时，说明企业可能陷入了产品盈利能力下滑、人工成本增长的不利局面。

（2）劳动分配率。劳动分配率体现了企业人工成本在企业增加值中占据的比重，其计算公式为：

劳动分配率 = 人工成本总额 ÷ 企业增加值 × 100%

劳动分配率体现了企业在一定周期内将多少比例的增加值分配给员工，通过计算劳动分配率，薪酬管理人员可以了解企业的分配关系和人工成本要素的投入产出关系。如果劳动分配率过高，则表明企业可能存在两种情况：

一是和企业增加值相比，人工成本较高，存在高薪低能、组织结构臃肿等问题。

二是人工成本虽然处于市场平均水平，但企业增加值较低。

（3）收入人工成本率。收入人工成本率体现了人工成本在销售收入中占据的比重，其计算公式为：

收入人工成本率 = 人工成本总额 ÷ 同期销售收入总额 × 100%

通过计算收入人工成本率，薪酬管理人员可以了解企业人工成本费用在经营收入中的比重，分析企业成本水平和盈利水平等。收入人工成本率较低时，表明企业对人工成本的控制能力较强，保持着较高的经营效率。

◆成本指数指标

成本指数指标可细分为工资总额增长率、人工成本总额增长率、人均成本增长率，其计算公式分别为：

工资总额增长率 =（当前周期工资总额 − 上一周期工资总额）÷ 上一周期工资总额 × 100%

人工成本总额增长率 =（当前周期人工成本总额 − 上一周期人工成本总额）÷ 上一周期人工成本总额 × 100%

人均成本增长率 =（当前周期人均成本 − 上一周期人均成本）÷ 上一周期人均成本 × 100%

4.2.3 基于雇佣量的成本控制

很多企业都建立了标准化的薪酬控制体系。企业的雇佣量、员工薪酬、福利项目在企业薪酬成本中占据了较大的比重，所以，薪酬控制体系往往以此为着力点进行薪酬控制。与此同时，薪酬冻结、薪酬宽带线、收益分享计划等薪酬技术的应用也会对企业薪酬成本控制产生较大影响。下面我们先来看企业如何基于雇佣量进行薪酬控制。

工作时长会直接影响企业员工数量，所以，基于雇佣量的薪酬控制既包括对企业员工数量的控制，也包括对员工工作时长的控制。在企业经营实践中，控制员工数量和工作时长也是最为常见的薪酬控制手段。在薪酬水平相对稳定的情况下，通过减少员工数量，可以使企业薪酬成本控制取得非常显著的效果。减少员工工作时长可以降低员工劳动总量，从而降低企业需要向员工支付的劳动报酬。

（1）控制员工人数。员工人数控制向来是企业人力资源管理的重中之重，不过，控制员工数量并非一件简单的事情，因为裁员会影响组织的稳定性，造成人才流失等问题。所以，很多企业通常是通过裁掉替代性较强的员工或扩招临时工来控制员工数量。

出于薪酬成本控制和企业长期发展考虑，很多企业针对不同的员工建立了差异化的关系，例如：和核心员工建立长期性的稳定关系，用丰厚的薪酬待遇留住他们；和普通员工则是建立短期性的临时关系。由于薪酬分配向核心员工倾斜，普通员工可能会心生不满，从而增加了其流动性。

（2）控制员工工作时长。和控制员工数量相比，控制工作时长更容易被员工接受，而且操作方便灵活。企业中的很多岗位是根据工时进行薪酬支付的，所以，控制工时对控制薪酬成本的效果较为突出。特别是那些需要支付高额加班费用的企业，减少工时可以明显降低企业薪酬成本负担，而且还能规避裁员对组织造成的冲击。

4.2.4 基于薪酬结构的成本控制

薪酬结构包括基本薪酬、浮动薪酬、福利等，通过调整各岗位薪酬结构及比例，也能有效控制薪酬成本。薪酬管理人员在开展基于薪酬结构的成本控制时，可以从以下几个方面进行：

（1）控制基本薪酬。在设置基本薪酬时，企业需要参考各地的最低工资标准，最低不能低于该标准。同时，基本薪酬的作用是保障员工基本生活需要。这决定了通过控制基本薪酬降低薪酬成本时，不是要降低基本薪酬（降低基本薪酬容易遭到员工抵制，而且即便降低，由于最低工资标准的限制也没有太大的降低空间），而是要控制基本薪酬增长幅度、频率。

增加员工的基本薪酬时，主要是因为两个方面：一是员工现有基本薪酬水平低于他应该获得的薪酬水平；二是外部市场基本薪酬平均水平增长，企业需要提高员工的基本薪酬水平，以便对优秀人才保持足够的竞争力。

举个简单的例子，某公司生产岗位基本薪酬为1500元，如果加薪幅度为10%，就意味着生产岗位基本薪酬增加至1650元；如果加薪幅度为15%，就意味着生产岗位基本薪酬增加至1725元，所以，降低加薪幅度可以有效降低薪酬成本。

对于加薪频率，在加薪幅度较为稳定的情况下，降低加薪频率也能降低企业的薪酬成本。某些企业会对加薪幅度和频率做出具体规定，例如：同一岗位在一年内加薪不得超过2次，而且加薪幅度不得超过13%，因为有明确规定，员工对企业的加薪调整也比较容易接受。

（2）控制浮动薪酬。浮动薪酬操作灵活，有较强的激励效果，从而得到了国内外企业的一致青睐。项目奖励、部门奖励、年度利润分享等都是浮动薪酬，控制这类成本也有助于控制企业整体薪酬成本。很多浮动薪酬方案以年为单位，而且企业一次性支付，不会产生长期影响。因此，提高浮动薪酬在企业整体薪酬中占据的比重，有助于企业获得更大的人工成本控制空间，这对于追求灵活性、适应性的现代企业不失为明智的选择。

（3）控制福利。企业福利项目非常多元化，例如：各类补贴、生活设施（员工食堂、图书馆、体育馆）、节假日礼品、健康保险、带薪假期等。部分福利则属于短期性福利项目，例如：针对突发意外情况的工伤补偿计划、健康保险计划等，在企业整体薪酬成本中占据的比重较小，而且有助于提升员工的满意度，如非必要，不宜削减这类福利。

部分福利已经常态化，定期发放，变动幅度较小，如餐饮、通话、交通等各类补贴，虽然发给每个员工的数额较小，但因为长期发放，也是一笔不容忽视的企业薪酬成本支出，对这类福利进行控制是很有必要的。具体的控制措施包括缩短假期、减少员工请假时间、降低出差补助标准、控制通话补贴等。实践证明，适当降低部分福利项目支出，可以有效避免直接降薪对组织成员的冲击，毕竟和工资相比，人们对福利的需求和期待相对较低。

4.2.5 基于薪酬技术的成本控制

实践中，薪酬管理人员开展基于薪酬技术的薪酬成本控制时，可以从以下几个方面进行：

（1）薪酬冻结，是指在一定时间内保持员工的薪酬数额不变。薪酬不仅关系着员工的收入，还被认为是身份地位的象征，所以，没有员工愿意接受降薪。被降薪的员工工作积极性降低，对企业的抱怨增多，甚至因此而离职。而通过薪酬冻结来控制薪酬成本，可以有效避免直接降薪对员工的冲击。员工对薪酬冻结的抵触情绪较小，而且很多员工还会因此反思自己的表现，提高自身的工作效率与质量。

经常向员工发放项目奖金的企业尤其适合通过薪酬冻结控制薪酬成本，这类企业可以规定在一定周期（比如一季度、半年等）内员工薪酬不变，冻结期过后再向员工发放项目奖金。这既能保障企业有足够的资金用于研发新产品、引进新设备，还能留住优秀人才，保障组织稳定性。

（2）设置薪酬区间。为每一等级的薪酬设置最高薪酬标准和最低薪酬标准，也就是将每一级的薪酬数额控制在一定范围内。一般情况下，最低薪酬标准是处于该级薪酬的员工能够为企业创造的最低价值，主要适用那些新入职员工、兼职人员等。最高薪酬标准则明确了处于该薪酬等级的员工能获得的最高薪酬数额。

从实际情况来看，虽然有时员工创造的价值确实远超过其平均水平，但这种情况极少，大部分情况下员工创造的价值是在平均水平上下波动。所以，设置最高薪酬标准后，可以避免特殊情况下员工所获薪酬超过其创造的实际价值，保障薪酬分配公平的同时，也能减少资源浪费。

（3）计算薪酬比较率。利用薪酬比较率，薪酬管理人员可以了解各等级薪酬的薪酬水平中值，以及各等级薪酬的薪酬水平分布情况。薪酬比较率的计算公式为：

薪酬比较率＝平均薪酬水平 ÷ 行业平均薪酬水平

当薪酬比较率为1时，说明该等级薪酬的员工的平均薪酬水平等于薪酬中值，而薪酬中值是业绩表现居中的员工应该获得的薪酬数额，在理想情况下，员工薪酬平均水平应该等于薪酬中值。

当薪酬比较率大于1时，说明企业向员工支付的薪酬数额偏高，薪酬成本控制出现了问题。

当薪酬比较率小于1时，说明企业向员工支付的薪酬数额偏低，虽然有利于薪酬成本控制，但这也意味着企业的薪酬制度竞争力不足，不利于留住优秀人才。

（4）薪酬成本分析。在加薪、推出新的薪酬方案等薪酬决策前，进行充分的薪酬成本分析，了解该决策可能会对企业薪酬成本造成的影响，从而对决策进行优化，实现薪酬成本控制。

4.2.6 降低薪酬税负的实用技巧

个人所得税法规定，企业员工的工资薪金，要缴纳个人所得税，税金由所在企业负责从工资中代扣，并缴纳给地方税务局。虽然个税是由员工缴纳，企业只是负责代扣，但员工的工资薪金是由企业支付的，如果企业可以帮助员工合理避税，对自身的薪酬成本控制将会产生非常积极的影响。

需要指出的是，通过帮助员工降低个人所得税来控制企业薪酬成本时，企业必须和员工进行充分的沟通交流，合法合规操作，承担纳税义务，保障员工收入。

企业在向员工支付薪酬的过程中，需要承担多个方面的义务。在对政府部门的义务方面，企业需要按照规定申报个税；缴纳社会保险费用、住房公积金费用。在对员工的义务方面，企业要按照《中华人民共和国劳动法》向员工支付劳动报酬；在劳动合同中提供劳动报酬明细；不得单方面变更劳动合同；等等。

2018年10月1日，修改后的个人所得税法开始正式实施。从降低薪酬税负角度上，新个税法中值得我们重点关注的内容是，“个税起征点由每月3500元提高至每月5000元（每年6万元）；工资薪金、劳务报酬、稿酬和特许权使用费等四项劳动性所得首次实行综合征税；首次增加子女教育支出、继续教育支出、大病医疗支出、住房贷款利息和住房租金等专项附加扣除”。

合理利用附加扣除项可以合理避税，不过需要提交有效的证明材料。企业可以从以下两个方面来帮助员工合理避税，从而加强自身的薪酬成本控制。

（1）注意薪酬总额的税率档次，避免员工因为多领少量的工资而进入高税率档次。

当员工薪酬总额位于税率变化节点时，减少少量的工资，可能会大幅度降低个人所得税，员工的实际收入反而增加。所以，薪酬管理人员要密切关注这些节点，并和员工做好沟通工作。此外，有时企业可以通过延迟支付来降低员工的个人所得税。

在年终奖发放方面，合理分配日常工资和年终奖的比例，大部分情况下1∶1的比例较为合适，这样不会出现因某个月薪酬较高而缴纳较多个税的情况。

以M表示员工综合所得应纳税所得额，则M的计算公式为：

M=综合所得年收入额−60000元−专项附加扣除−其他扣除

以N表示员工所得的年终奖，M和N的搭配方案如表4–9所示。

表4–9　员工综合所得应纳税所得额和年终奖搭配方案　　单位：元

M+N	**最优点数量**	**最优点金额/元**	
		M	***N***
（0,72000）	多个		含36000
［72000,203100）	1个		36000

续表

M+N	最优点数量	最优点金额/元	
		M	N
203100	多个		含36000
			含144000
(203100, 288000]	多个		含144000
(288000,672000)	1个		144000
672000	2个	528000	144000
		372000	300000
(672000,1277500)	1个		300000
1277500	2个	977500	300000
		857500	420000
(1277500,1452500)	1个		420000
1452500	2个	1032500	420000
		792500	660000
(1452500,+∞)	1个		660000

（2）充分利用免税政策。为降低居民税负，国家设置了很多免税项目，如社保费用、子女教育支出、继续教育支出、大病医疗支出、住房贷款利息和住房租金、保险赔款、安家费、退职费、退休人员工资、离休工资、离休生活补助费等。因此，薪酬管理人员也可以利用该政策帮助员工合理避税。

4.3 实施薪酬调整

4.3.1 薪酬调整主要因素与分类

◆主要因素

在很多国际企业中，调薪已经成为一项例行性工作，每年根据员工过去一年的绩效表现，定期对各岗位人员薪酬水平进行调整，从而反映不同组织成员对企业的价值贡献能力，并激励他们更加努力地工作。

薪酬调整是实现薪酬成本控制的关键模块，也是企业人力资源中的一项重要工作，科学合理的薪酬调整可以提高组织凝聚力，留住优秀人才，反之则影响员工工作效率和积极性，甚至引发劳资纠纷。

如何调整薪酬、如何确定调整范围和幅度等，都是薪酬管理人员要解决的重要问题。不过，在解决这些问题前，薪酬管理人员首先应该明确薪酬调整主要有哪些影响因素。具体而言，薪酬调整的主要影响因素如表4–10所示。

表4–10　薪酬调整的主要影响因素

序号	因素	具体内容
1	绩效管理	为保障薪酬管理的公平性、激励性，企业应该将员工的薪酬水平与其绩效表现相关联，对绩效考核优良（比如工作态度认真、对企业贡献价值较大等）的员工，应该提高其薪酬水平，反之则应该降低其薪酬水平
2	市场变化	人才之争是企业竞争的主旋律，企业的薪酬水平必须在市场中有足够的竞争力才能留住优秀人才，从而保障企业的长期稳定发展
3	物价指数	物价指数变化决定了薪酬的购买力，当出现通货膨胀时，如果不及时调整薪酬水平，可能会影响员工的生活质量，从而引发人才流失等问题
4	企业盈利表现	企业利润是由所有组织成员共同创造的，当企业盈利较高时，应该适当提高员工的薪酬水平，从而激发员工的工作积极性；当企业盈利较少甚至出现亏损时，可以适度降低薪酬水平，缓解企业现金流压力

◆调薪分类

薪酬调整的类型非常多元化，从实践来看，主流的企业薪酬调整可以分为以下几种类型：

（1）市场调薪。市场调薪通常是企业为应对劳动力市场竞争压力，而对现行薪酬水平低于市场平均水平的岗位进行薪酬调整，例如：新兴业态快速崛起，研发岗位的市场薪酬平均水平提升了30%，为适应这种变化，相关企业应该及时提高研发岗位的薪酬水平。

（2）绩效调薪。对于采用绩效工资制的岗位，当其绩效表现出现波动时，为了发挥“奖励先进，鞭策后进”的效果，对其薪酬水平进行调整也是很有必要的。

（3）能力调薪。员工能力变化对其工作业绩有直接影响，因此，为了鼓励员工不断提升自我能力，企业应该建立能力调薪机制。当然，衡量员工能力水平需要有完善的评估机制，例如：参加国家或业内专业机构举办的测试获得资格证书，通过企业内部举办的能力认证测试，等等。

（4）工龄调薪。为鼓励员工长期为企业工作，很多企业会设置工龄工资，在一定范围内，随着工龄增加，员工工龄工资呈线性增长。不过工龄工资在员工整体薪酬中占比较低，工龄调薪幅度也相对较低。

（5）晋升调薪。员工从低等级成长到高等级后，其拥有的权利及承担的责任、义务等也明显提升，从而对企业发展具有更大的影响力，因此，其薪酬水平也应该随之增长。晋升存在一定的不确定性，因为造成职位空缺的主要因素是组织扩编和员工异动，这些因素并非可控的，所以晋升调薪通常被归属为特别预算范畴，其调薪时间、调薪幅度等较为灵活。

（6）特别调薪。特别调薪是指企业为应对特殊情况而进行的薪酬调整，例如：为符合法律规定的最低工资而进行的薪酬调整，为解决某岗位工资低于薪资等幅下限而进行的薪酬调整，等等。

（7）试用期满调薪。大部分企业规定新进员工要经过试用期的考核，试用期通常为1～3个月。在试用期内，新进员工由于对岗位工作不熟悉、承担的职责较少等，为企业贡献的价值往往也低于正式员工，出于公平考虑，试用期员工工资往往另行规定，比如试用期工资为正式员工的60%等，通过试用期考核后再将其工资调整至正式员工的薪酬水平。

部分公司对采用绩效工资制的岗位可能不设试用期，因为这类岗位的薪酬和绩效表现存在直接关联，基本薪酬在其总薪酬中占比较低，而新进员工因为缺乏经验和相关技能，能够得到的薪酬也相对较低。

4.3.2 实施薪酬调整的三种思路

实现成本控制和薪酬激励的平衡，是薪酬调整关注的重点内容，薪酬管理人员在实施薪酬调整过程中可以采用以下三种思路。

◆根据薪酬调查结果总体调薪

薪酬调查结果特别是薪酬调查报告中会提供很多薪酬数据，这些数据既包括企业内部薪酬数据，也包括劳动力市场薪酬数据，善于利用这些数据调整薪酬是薪酬管理人员应该具备的一项基本技能。具体而言，薪酬管理人员可以参考薪酬调查报告中的市场平均薪酬比例、企业薪酬总额和市场平均薪酬总额对比、企业各岗位薪酬水平和市场平均薪酬水平的对比等关键性数据。

◆根据年度绩效评估和市场比对结果调薪

在年度调薪中，薪酬管理人员主要是根据员工未来一年的潜力和价值确定其薪酬水平。在不同情景中，薪酬管理人员可以采用差异化的薪酬调整策略，如表4-11所示。

表4-11 不同情景中的薪酬调整策略

情景	调整策略
绩效评估结果为优，个人薪酬不到市场平均水平的80%	迅速进行薪酬调整，避免人才流失
绩效评估结果为优，个人薪酬水平是市场平均水平的80%～100%	2～3年内将员工薪酬水平调整至95%～100%
绩效评估结果为良，个人薪酬水平是市场平均水平的100%～120%	降低薪酬调整频率和幅度，帮助员工提升专业能力和综合素质

续表

情景	调整策略
绩效评估结果为一般，个人薪酬不到市场平均水平的80%	帮助员工提高绩效，待其绩效提升后调整至80%
绩效评估结果为一般，个人薪酬是市场平均水平的80%～100%	帮助员工提高绩效，待其绩效提升后调整至95%～100%
绩效评估结果为一般，个人薪酬是市场平均水平的100%～120%	冻结调薪，引导其学习专业技能
绩效评估结果为较差	冻结调薪，要求其提高绩效，并评估其是否真正适合所在岗位

◆采用多元薪酬结构调薪

不同劳动力的市场价值是不同的，优秀人才因为较为稀缺，其市场价值较高；普通员工可替代性较强，市场价值较低。所以，调整薪酬时，薪酬管理人员可以通过多元化的薪酬结构来体现不同员工的市场价值。

蓬勃发展的互联网经济，使高级研发人才、软件工程师的需求快速增长，而这些人才的供应量却相对较低，所以，劳动力市场中这类人才的竞争尤为激烈，如果企业薪酬水平缺乏竞争力，根本无法留住这类人才。同时，随着中国企业国际化进程日渐加快，适应国际市场的高级管理人才也面临激烈竞争，所以，在薪酬调整时，薪酬管理人员可以采用适合优秀人才的年薪制来提高其薪酬水平，而对于普通员工，薪酬管理人员按照劳动力市场情况确定其薪酬制度和薪酬水平即可。

4.3.3 实施薪酬调整的操作步骤

薪酬管理人员可以按照以下步骤实施薪酬调整。

◆收集调薪相关资讯

了解竞争对手的薪酬情况，是薪酬调整的重要基础。大型企业通常会购买第三方制作的专业薪酬调查报告，以便了解企业各岗位薪酬水平在市场中的竞争力。中小企业可以从报纸、杂志以及新媒体渠道中获取相关数据。除了了解竞争对手的薪酬外，薪酬管理人员还应该了解当地物价通货膨胀指数、当地GDP增速、当地法律法规、当地劳动力市场发展趋势等。

◆拟制调薪建议报告

调薪建议报告中需要重点提供以下内容：

（1）调薪分析。

（2）调薪策略。

（3）调薪总额、比例。

（4）调薪成本。

（5）历史调薪记录。

（6）调薪方案。

（7）调薪进度表。

◆调薪沟通

很多薪酬管理人员不重视调薪沟通，仅在调薪方案实施阶段让各部门经理提供相关数据、签字确认等，而普通员工仅是被动的执行者。由于沟通不足，员工对薪酬调整认识不全面，从而产生抵触情绪。

调薪沟通和企业文化也存在一定关联。在企业文化较为开放的企业中，调薪沟通较为深入，薪酬管理人员往往会和调薪涉及的具体岗位人员进行沟通；在等级森严、规则政策严格、监督控制严密的企业中，调薪沟通通常仅停留在各部门经理层级。

那么，在调薪沟通阶段，薪酬管理人员需要向相关人员告知哪些内容呢？如表4–12所示。

表4-12 调薪沟通主要内容

序号	内容
1	薪酬理念和政策
2	调薪考虑的因素
3	调薪依据
4	调薪范围和幅度
5	调薪流程
6	调薪操作注意事项

◆制作调薪建议表并派发至各部门

调薪建议表包含的主要内容如表4-13所示。

表4-13 调薪建议表的主要内容

项目	具体内容
基本信息	姓名、工龄、岗位名称、岗位工作时长、现在薪酬情况、上次调薪情况（时间、幅度、数额）、绩效考核情况
调薪情况	调薪类别、岗位变化、本次调薪时间、本次调薪幅度、本次调薪数额
部门调薪汇总	主要包括部门各岗位及总体调薪时间、幅度、数额，可以按照岗位级别进行汇总，也可以按照职能进行汇总

◆分析各部门的调薪建议表

通过分析各部门调薪建议表，可以发现的主要问题如表4-14所示。

表4-14 分析调薪建议表可以发现的主要问题

序号	问题
1	超出预算
2	不能体现员工的业绩表现
3	不能体现岗位的重要性
4	过度重视工龄，出现“按资排辈”现象
5	未考虑劳动力市场因素
6	不同级别岗位薪酬差距较小，出现“平均主义”现象

◆汇总调薪各项资料并报企业负责人做最后之批准

薪酬管理人员对调薪相关资料进行汇总，制作书面文件，上报公司总经理或董事长，反馈调薪过程中发现的问题及解决办法，根据其意见和建议，对调薪细节进行修改。

◆更新个人人事档案资料，制作个人薪金变动通知信

薪酬调整要及时在个人人事档案中更新，以备后续薪酬调整参考。同时，薪酬管理人员要制作个人薪金变动通知信，正式告知调薪涉及的相关人员。需要指出的是，薪酬调整结果不一定都符合员工预期。为了得到员工的支持，薪酬管理人员应该指导各部门管理者和员工进行沟通交流，消除员工误解，如使员工充分认识到公司支持怎样的行为，重视哪些岗位和人才，等等。

◆处理员工申诉

调薪不是单方面的，强迫员工执行调薪方案会打消员工工作积极性、引发人才流失等问题。所以，相对成熟的企业会为员工提供调薪申诉渠道，使他们可以方便快捷地提供反馈建议。薪酬管理人员收到员工调薪申诉申请后，应该给予高度重视，对员工提出的问题进行详细分析，并和员工及其部门管理者沟通协调，最终得到一个让劳资双方都满意的结果。

4.3.4 实施薪酬调整的注意事项

从薪酬调整的形式来看，薪酬调整包括被动调整和主动调整两大类。被动调整是企业迫于竞争对手薪酬调整压力或员工要求调薪而进行的薪酬调整；主动调整是根据企业发展情况及市场趋势主动为员工调整薪酬水平。虽然两种薪酬调整方式的薪酬调整幅度和数额可能是相同的，但员工对其反应存在明显差异，被动调薪很容易在员工心中留下负面印象，

增加劳资矛盾；而主动调薪更容易发挥薪酬激励作用，从而进一步提高员工工作效率和积极性。

实施薪酬调整并不是一件简单的事情，实践过程中，薪酬管理人员必须要重视以下几点：

（1）做好薪酬调查。通过开展外部薪酬调查，薪酬管理人员对市场薪酬水平有清晰明确的认识，明确企业薪酬水平和竞争对手的差异，制定出更有外部竞争力的薪酬方案。通过开展内部薪酬调查，薪酬管理人员可以了解员工对薪酬的预期以及各岗位薪酬状况，以便更好地迎合员工需求，提高其工作积极性。

（2）科学评估岗位价值。各岗位对企业的相对价值是确定其薪酬水平的主要依据，薪酬管理人员可以通过多种方法对岗位价值进行精准评估，从而为薪酬调整幅度和数额提供有效指导。

（3）重视绩效考核因素。绩效考核是对员工一定周期内的业绩的量化考核，如果企业建立了完善的考核机制，考核结果将是客观、公正、清晰、明确的，这种情况下，薪酬管理人员根据绩效考核结果调整薪酬，便相当于用事实说话，质疑和反对的声音将会少得多。

（4）设计清晰合理的薪酬结构。例如：用区间取代固定的点值，并扩大区间幅度，使上下等级之间能够体现一定的差距；采用技术和管理并行的双轨制，技术岗位根据技术路线升职加薪，管理岗位根据管理路线升级加薪；等等。

（5）企业文化支持。企业文化是企业长期稳定发展的不竭动力，涵盖了价值观、信念、仪式、符号、处事方式等多种内容，体现在包括薪酬管理在内的企业经营管理的方方面面。所以，薪酬调整也应该和企业文化相匹配，引导员工认可并传承企业价值观，朝着企业期望的方向学习、成长等。

（6）与其他薪酬管理措施相互补充。薪酬调整只是提升员工满意度的诸多方式之一，薪酬管理人员通过和员工沟通交流，了解其对工作的期待、职业生涯规划等，从而有针对性地采取薪酬管理措施，如提供培训机会、灵活休假、合理授权等，以激励员工更加努力工作，实现其自我价值的同时，还能为企业创造更高的利润。

（7）符合薪酬预算。薪酬是企业必要的成本支出，为避免给企业造成过高的成本压力，薪酬调整应该符合企业的薪酬预算。薪酬预算是根据企业未来一定周期内的业绩增长预判制定的，将薪酬调整控制在预算范围以内，有助于使薪酬增幅和企业业绩相挂钩，保障企业的利润回报。在薪酬预算的约束下，薪酬调整空间相对有限，为提高企业竞争力，薪酬调整可以向业务骨干和高级管理人才倾斜，减缓普通员工的加薪幅度。

CHAPTER 5 | 职工工资管理

5.1 工资计算与审核发放

5.1.1 职工工资计算依据与方法

◆法律定义

（1）制度工作时间的计算。2019年7月29日，人力资源和社会保障部公布了《法定年节假日等休假相关标准》。根据该文件，我国现行法定年节假日标准为11天。全体公民放假的节日包括：新年，放假1天（1月1日）；春节，放假3天（农历正月初一、初二、初三）；清明节，放假1天（农历清明当日）；劳动节，放假1天（5月1日）；端午节，放假1天（农历端午当日）；中秋节，放假1天（农历中秋当日）；国庆节，放假3天（10月1日、2日、3日）。职工的休息时间标准为工作五天、休息两天。所以，计算制度工作时间时可按照以下公式：

年工作日=365−104（休息日）−11（法定节假日）=250（天）

月工作日=250÷12=20.83（天/月）

（2）日工资、小时工资的计算。根据现行《中华人民共和国劳动法》第五十一条，法定节假日用人单位应该依法支付工资，即折算日工资、小时工资时应该包含国家规定的11天法定节假日。所以，计算日工资、小时工资时可按照以下公式：

日工资=月工资收入÷月计薪天数

小时工资=月工资收入÷（月计薪天数×8小时）

（3）计薪天数和加班工资。

月平均计薪天数=（365−104）÷12=21.75（天）

加班工资=月薪÷（当月出勤天数+法定节假日）

月计薪天数=应出勤天数+法定休假日

出勤天数比例=21.75÷（当月应出勤天数+法定休假日）

（4）计薪日。计薪日包括出勤天数和法定节假日，休息日不在计薪日以内。

◆计算方法

（1）标准工时制。计算标准工时制工资可采用以下公式：

工资=月薪÷21.75×月计薪天数×出勤天数比例+加班费+绩效−社保−个税

工资=月薪÷（月应出勤天数+法定休假日）×（实际出勤天数+法定休假日）+加班费+绩效−社保−个税

例如，某员工月工资为4500元，6月出勤天数共19天，法定假日共1天，则该员工工资计算公式为：

月薪=4500÷（20+1）×（19+1）=4285（元）

（2）出现加班时的工资计算。

【情景1】

某员工6月出勤共28天，月休共2天（含法定假日休息），12小时工作制，基本工资为1250元，则该员工工资计算公式为：

月薪=1250+1250÷21.75×10×1.5+1250÷21.75×12×2=3491.4（元）

【情景2】

某员工6月出勤共26天，月休共4天（含法定假日休息），10小时工作制，基本工资为1250元，则该员工工资计算公式为：

月薪=1250+1250÷21.75×5×1.5+1250÷21.75×7.5×2=2543.1（元）

【情景3】

某员工6月出勤共26天，月休共4天（含法定假日休息），8小时工作制，基本工资为1250元，则该员工工资计算公式为：

月薪=1250+1250÷21.75×0×1.5+1250÷21.75×6×2=1939.7（元）

5.1.2 职工工资的审核发放流程

◆目的

对职工工资审核发放流程进行规范的主要目的是进一步完善企业薪酬福利分配制度，提高企业薪酬管理水平。

◆审核流程

工资审核发放流程由考勤汇总审核、绩效核算及审批、工资表核算汇总及审批三个步骤构成，每个步骤的具体流程分别如图5–1、图5–2、图5–3所示。

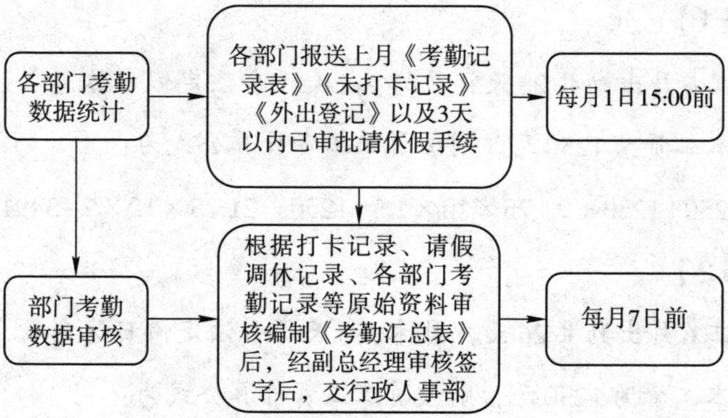

图5-1　考勤汇总审核流程

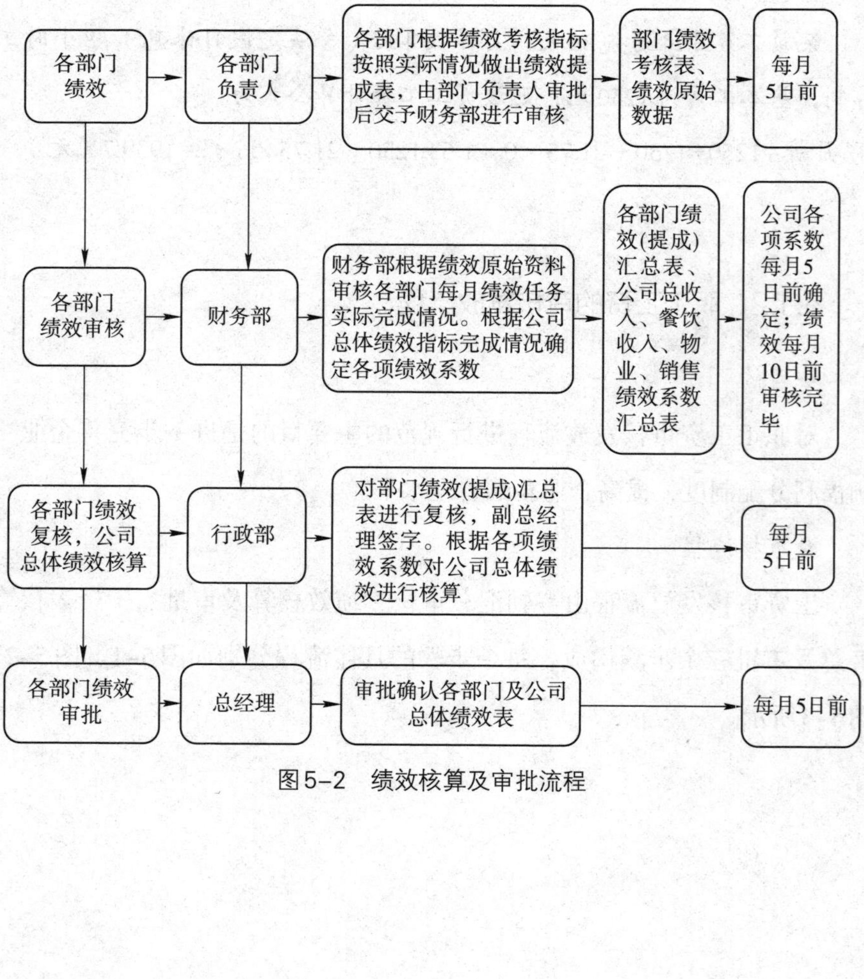

图5-2　绩效核算及审批流程

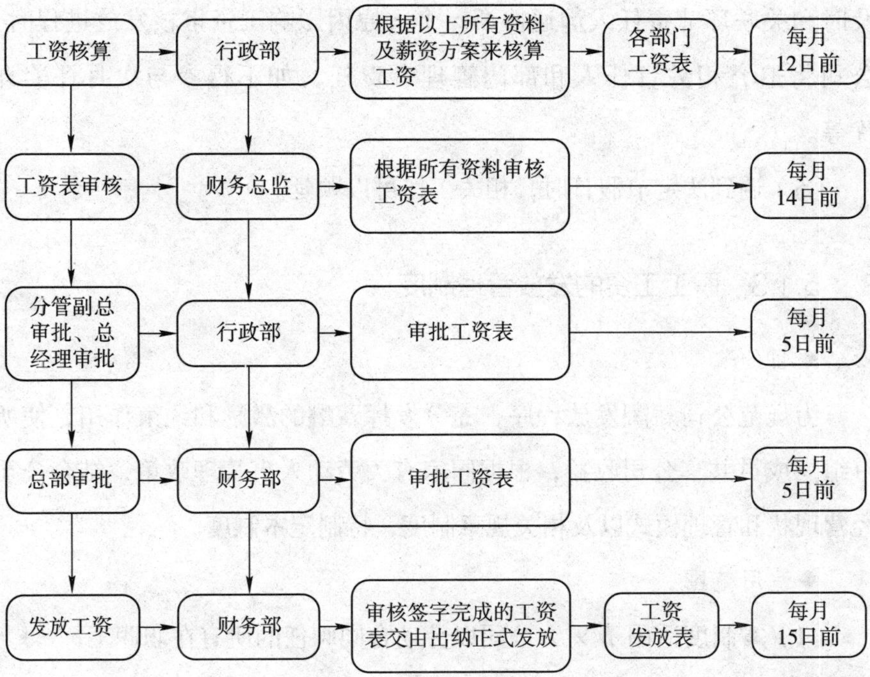

图5-3 工资表核算汇总及审批流程

◆责任划分

（1）行政人事部负责对各部门报送工资审核资料进行审核，如报送资料不全，行政人事部要及时通知申报部门在规定时间内补全，逾期申报当月不予受理。

（2）因逾期申报材料出现工资次月核算情况时，由相关部门的负责人统一提供书面申请，并提交有关证明材料，不能将责任推脱给员工。

（3）完成工资审批后，行政人事部要对工资原始资料进行及时归档，为后续薪酬管理等工作提供参考。

（4）在工资审核发放各环节中，如果出现相关责任人请假或员工异动情况，各部门管理者要做好工作交接，出现突发意外情况时，要及时和关联环节责任人沟通协调。个人原因影响工资审核发放进程时，公司将追究相关责任人和部门管理者责任，如不得参与次月评奖评优等。

（5）遇到法定节假日时，相关工作可以顺延。

5.1.3 职工工资的发放管理制度

◆目的

为规范公司薪酬发放程序，充分发挥薪酬的激励和约束作用，使所有组织成员共享公司收益，根据国家有关劳动人事管理政策，结合公司经营现状和管理模式以及相关规章制度，特制定本制度。

◆适用范围

（1）本制度适用于××公司以劳动合同聘任的所有在职职工。

（2）本制度所指工资是指每月定期发放的工资。

◆工资结构

（1）××公司职工工资采用“岗位固定工资+绩效工资+福利津贴+奖金”的工资结构。

（2）岗位固定工资是对岗位工作内容、工作职责、任职资格等多种因素进行综合考量确定的固定工作报酬，用以保障员工基本生活。

（3）绩效工资是通过员工工作态度、工作技能、工作业绩、上下级评价等确定的浮动工作报酬。在一定范围内，员工绩效考核成绩越高，这部分收入越高。

（4）福利津贴包括餐饮、交通、通信、高温作业、出差等各类补贴，是为了补偿员工特殊或额外劳动消耗以及出于其他特殊原因而向员工发放的补贴。只有员工按时完成工作任务，才能享受这些补贴。

（5）奖金是公司根据各岗位、部门及公司整体目标达成情况、盈利情况、成本控制、口碑与形象建设等向员工提供的激励性薪酬。公司每月发放总奖金的50%，其余部分作为年终奖集中发放，工作满2年，或职级达5级的员工才有资格获得该项奖金。

◆工资总额计算

（1）实发工资=应发工资−扣除项目。

（2）应发工资=岗位固定工资+绩效工资+福利津贴+奖金×50%。

（3）扣除项目有个人所得税、缺勤、罚款、社保费用等。

◆工资发放

（1）工资计算以月为计算周期，实行单休制（月平均工作日为26天），日工资计算公式为日工资=月工资÷26。

（2）新进员工和离职员工工资按照日工资方式进行计算。

（3）员工工资将在每月10—15日通过××银行汇入员工本人工资账户。

◆岗位固定工资计算

对员工学历、专业技术资格、职业资历、岗位级别、当地生活指数等指标进行加权计算得到其分值，然后根据该分值确定岗位固定工资。

◆绩效（技能）工资计算

（1）对员工工作态度、工作能力、工作行为、工作业绩等绩效指标进行考核，确定员工绩效考核成绩，然后利用绩效考核正态分布办法确定绩效分配系统，之后用绩效分配系数乘以员工绩效工资基数便可得到员工绩效（技能）工资。

（2）原则上试用期员工不参加绩效考核，如果工作需要进行绩效考核，15日之前入职的员工按照正式员工的绩效考核方式进行考核，15日后入职的则统一按照0.3的绩效分配系数计算绩效工资。

◆加班费计算

（1）当公司安排员工在法定节假日或非工作时间工作时，便需要按照相关法律法规向员工支付加班工资。其中，节假日安排员工加班时，按照员工日工资或小时工资的300%进行支付；休息日安排员工加班时，按照员工日工资或小时工资的200%进行支付。

（2）现行法律规定职工全年月平均工作天数和工作时间分别为20.83天和166.64小时，计算加班费时应该以此为依据。如某员工月岗位应得工资750元，日工资约为35.85元，小时工资约为4.48元，元旦加班8小时，其加班费计算公式为：

加班费=4.48×300%×8=107.52（元）

休息日加班2天时，加班费计算公式为：

加班费=4.48×200%×16=143.36（元）

◆迟到、早退、旷工工资计算

（1）迟到。员工在上班时间开始后30分钟内到班时，按照迟到论处，迟到10分钟以内罚款10元，迟到20分钟以内罚款30元，迟到30分钟以内罚款50元。超过30分钟未到者按旷工半天论处。

（2）早退。员工提前30分钟内下班者按早退论处，提前10分钟以内罚款10元，提前20分钟以内罚款30元，提前30分钟以内罚款50元。提前下班超过30分钟时，按照旷工半天论处。

（3）旷工。旷工半天者扣发半天基本工资、绩效工资、奖金；旷工1天者扣发3天基本工资、绩效工资、奖金，且给予严重警告；旷工2天者扣发10天基本工资、绩效工资、奖金；旷工3天及以上者按照自动离职处理。

◆请假工资计算

员工出于个人或公务原因无法正常上班且按照公司请假规定请假时，便涉及请假工资计算问题。员工出于个人原因请假时，其工资计算公式为：

$$工资=月薪-月薪\div 20.83\times 请假天数$$

员工出于公务原因请假时，工资按照正常上班计算，并且享受餐补、交通补、通信补等补贴。

◆岗位职等变动工资计算

员工岗位级别发生变动时，自生效日起满15天的，将按照现行岗位级别工资标准计算；未满15天的，仍按原工资标准执行。

◆工资误算、误发更正

（1）由于误算、误发，实发工资超过或低于应发工资时，薪酬管理人员应在核实确认后，及时和员工沟通，纠正错误。

（2）员工有义务配合薪酬管理人员工作，如果拒不执行，公司将按违纪辞退进行处理。

◆离职工资发放

员工出于个人原因提出辞职，并按照公司离职有关规定办理相关手续，或者员工因违反公司规定而被辞退时，由财务人员按照公司薪酬管理相关规定为员工结算工资。

◆薪资保密事项

（1）所有组织人员非工作需要不得探寻、评论他人薪酬。

（2）除财务部门、人事管理部门外，公司薪酬一律保密。

（3）核薪、发薪人员出现泄露组织成员薪酬事件时，将被调离该岗位或辞退。

（4）在公司探寻、泄露、评论薪酬者，将给予通报批评，并处以罚款，屡教不改者将被辞退。

（5）组织成员泄露薪酬导致发生严重事故（比如劳资纠纷）时，公司有权予以辞退并追究相关责任。

5.2 职工假期工资支付细则

5.2.1 假期工资支付的整体要求

（1）以法定货币将工资支付给员工本人，不能用实物和有价证券取代。

（2）向员工支付工资时，应提供员工本人工资清单，由其签字确认并保存。如果员工对工资清单有异议，相关人员要及时答复。

（3）采用委托银行发放形式进行工资支付时，应该将工资存入员工本人账户。以现金形式支付时，要由员工本人领取，员工因故不能领取的，可以委托他人代领，但员工要向领取人提供书面授权委托。出现员工死亡情况时，由其继承人或者受遗赠人领取。

（4）以日工资形式计算员工工资，工资折算按每日工作8小时，每月平均工作20.83天计算，以月为单位进行支付。非全日制用工采用小时制计算员工工资，工资折算按照每日工作4小时计算，以半个月（15天）为单位进行支付。工资单元计算到角，角以下四舍五入。

（5）每月3日前完成出勤情况统计，并在每月6日前完成工资内部考核，11日前完成工资分配和计算制表任务。按照和员工签订合同时的约定日期进行工资支付（通常为每月15日前）。工资支付周期超过一个月不满一年时，约定的工资支付日不得超过支付周期满后的一个月；工资支付周期在一年及以上的，约定的工资支付日不得超过支付周期满后的6个月。遇到节假日或休息日时，要提前在最近的工作日进行支付。

（6）公司因突发意外（比如系统损坏等）无法在约定时间内向员工进行工资支付时，可以将支付日期延长5日。资金困难导致支付日期需要延长超过5日时，应该和员工协商，并得到员工本人书面同意，但延长时间不得超过15日。

（7）对于完成一次性临时劳动或某具体工作的员工，公司要根据合同规定在工作结束后立即向员工支付工资。

（8）终止劳动合同时，公司要向员工一次性付清工资。

◆请假与销假

员工休假时，必须严格按照公司请销假制度办理相关手续，如向部门主管提交书面请假申请，申请中要详细说明请假理由、天数，并按规定流程办理手续。遇到特殊情况时，由同事、家属、亲友通过电话或当面报告形式告知部门主管，由部门主管代为办理请假手续。

员工请事假时，公司不支付工资，请假时长超过评奖评优要求的，不得参与评奖评优活动。对于采用日薪制的员工，事假导致员工当月出勤率不足70%时，取消物价、卫生护理费等部分津贴。对于采用月薪制的员工，一年内连续或累计事假超过20天时，每满20天事假，扣发一个月工资。

◆扣减工资

公司不得克扣员工工资，出现以下情况时，可以代扣工资。

（1）公司代扣代缴个人所得税。

（2）公司代扣代缴员工社会保险费。

（3）法院判决、裁定中要求代扣的抚养费、赡养费。

（4）法律规定可以从员工工资中扣除的其他费用。

员工出于个人原因给单位造成经济损失时，单位可根据劳动合同要求员工赔偿。赔偿可从员工本人工资中扣除。但每月扣除部分不得超过当月月工资的20%，当扣除后当月工资低于最低工资标准时，公司以最低工资标准向员工支付。

◆权益维护

当员工合法权益受到损害时，公司将根据实际情况追究相关责任人责任。

（1）克扣或无故拖欠员工工资的。

（2）未按照加班工资规定向员工支付加班工资的。

（3）向员工支付的工资未达到当地最低工资标准的。

5.2.2 公假、年假工资支付细则

（1）员工“公假”期间的工资支付。员工在法定工作时间内依法参加社会活动时，公司要按照员工提供正常劳动向其支付工资。符合公假要求的常见社会活动如表5-1所示。

表5-1 符合公假要求的常见社会活动

序号	项目
1	依法行使选举权或被选举权
2	当选代表出席相关会议
3	出任人民法庭的陪审员、辩护人、证明人
4	出席劳动模范、先进工作者大会
5	工会不脱产委员因工会活动占用的工作时间

（2）员工享受年休假期间的工资支付。在公司工作时长满1年不足10年的，享有5天年假；工作时长满10年不满20年的，享有10天年假；工作时长满20年的，享有15天年假。国家规定的节假日、休息日不属于年假范畴。

公司根据实际发展情况，并结合员工本人意愿，合理安排年假。当工作需要导致公司无法安排年假时，要得到员工本人的认可，并按照其日工资的300%向员工支付未休年假工资。

5.2.3 探亲假期间工资支付细则

（1）年薪制员工休探亲假期间，公司向其正常发放基本薪酬，但不发放绩效薪酬。

（2）岗位工资制和绩效工资制员工工作满1年后，便可享受探亲假。和配偶不在一起，公休日又不能团聚时，每年可休一次年假，假日为30天。未婚且和父母不在一起，公休日又不能团聚的，每年可享受一次假期，假期为20天，自愿两年探亲一次的，假期为45天。已婚员工探望父母，每4年给假一次，假期为20天。以上假日包含公休日、法定节假日在内。

此外，公司根据距离远近提供路程假，且路程假通常在3天以内。当年结婚的员工不享受本年度探望配偶的探亲假。原则上，员工应一次休完探亲假，分多次休假并获得批准的，只给一次路程假。员工享受探亲假期间，根据员工当月工作时长支付工资，当月工作时长达到正常出勤时长50%以上时，正常发放岗位固定工资，并向其发放50%的奖金。如果这一数字在50%以下时，正常发放岗位固定工资，但不发放奖金。

5.2.4　婚丧假期间工资支付细则

◆婚假

（1）年薪制员工享受婚假期间，公司正常发放岗位固定薪酬，但不发放绩效薪酬。

（2）对于岗位工资制和绩效工资制员工，达到法定结婚年龄的员工（男满22周岁，女满20周岁），可享受3天假期；达到法定晚婚年龄的员工（男满25周岁，女满23周岁），可享受1个月假期。

（3）需前往外地办理婚事的员工，根据路程远近给予路程假，路程假通常在3天以内。

（4）员工在探亲假（探望父母）期间结婚时，不另给员工假期。

（5）婚假包括公休假和法定假。

（6）再婚员工可享受法定婚假，但不能享受晚婚假。

（7）婚假应一次性休完。

（8）婚假应该在员工领《结婚证》之日起1年内休完，逾期不再给假。

◆丧假

（1）员工嫡系亲属（包括祖父母、岳父母、公婆、父母、配偶、子女）去世时，公司将给予员工3天丧假。

（2）需要在外地治丧时，公司将根据路程远近给予路程假，路程假通常在3天以内。

（3）丧假应该一次性休完。

5.2.5 产假期间的工资支付细则

员工产假、流产假期间，依法享有休假权，并且公司要按照生育保险相关规定向员工发放生育津贴补贴。

（1）女员工怀孕7个月及以上生育产假为90天（包含产前假15天）；难产假（包含剖腹产）增加15天；多胞胎生育每多生育一个婴儿增加15天；晚育增加30天。符合多项增加产假条件的，享受产假天数最高不得超过180天。

（2）女员工怀孕不满3个月流产的产假为15天；3个月以上4个月以内流产的产假为30天；4个月以上7个月以内流产的产假为42天。请假时，员工需要提供医院出具的医疗诊断证明。

（3）女员工怀孕期间，公司每月给予1天婚期检查假。

（4）妻子分娩，符合晚育规定的，公司将给予员工15天护理假。

（5）放置或取出宫内节育器的，公司将给予员工2天假期，且7天内不安排国家规定的第三级体力劳动强度的劳动。男、女一方接受绝育手术的，术后可享受2~3周假期；需要另一方护理的，提供手术机构证明，可享受2周护理假。

（6）有不满一周岁婴儿的女员工，每天给予两次哺乳（含人工喂养）时间，每次时长30分钟。多胞胎生育的，每多哺乳一个婴儿，每次哺乳时间增加30分钟。女员工每班劳动时间内的两次哺乳时间可以合并使用。哺乳时间以及往返途中占用的时间，计作劳动时间。

（7）晚婚晚育的女员工在孕期、哺乳期内，可申请1～3年的长假。

（8）产假、流产假、护理假、节育假、绝育假应该一次性休完。

（9）请3个月、6个月哺乳假的员工，工资按照其基本工资加岗位津贴的80%发放。不影响工龄计算、工资调整及晋升。

（10）请一年哺乳假的，正常发放基本工资，但不发放岗位津贴。不影响工龄计算、工资调整及晋升。

（11）生育多胞胎的女员工，可在产后休一年产假，除产假外的工资，将按照其本人基本工资的80%发放。

5.2.6 患病期间的工资支付细则

年薪制员工患病或非因工负伤医疗期间，公司将按照一定比例的基本薪酬为员工发放工资。岗位工资制和绩效工资制员工医疗期内，不支付补贴和绩效工资，岗位工资将按照以下办法进行支付。

（1）医疗期内的工资支付。工伤医疗期根据受伤程度不同确定为1~24个月，最长不能超过36个月。连续工龄在5年以内，根据本人现行岗位工资标准的60%发放；连续工龄超过5年不满10年时，按本人现行岗位工资标准的70%发放；连续工龄满10年不满15年时，按本人现行岗位工资标准的80%发放；连续工龄满15年不满20年时，按本人现行岗位工资标准的90%发放；连续工龄满20年及以上，按照本人现行岗位工资标准的100%发放。

（2）超出医疗期的工资支付。员工患病或非因工负伤超出医疗期，不能从事原工作，且不能从事公司另行安排的其他工作时，公司可依法和该员工解除劳动合同，并按照规定向其发放经济补偿金。如果该员工确有困难，不能解除劳动合同时，公司将按照当地城市居民最低生活标准（最低工资标准80%）向其支付工资，并由公司代缴养老保险金、医疗保险金和失业保险金。

5.2.7 工伤期间的工资支付细则

根据《工伤保险条例》，员工工伤期间的工资支付将按照以下办法执行。

员工因工作遭受伤害或患职业病，需要暂停工作并接受治疗时，在停工留薪期内，原工资福利待遇保持不变，由其所在单位按月支付。停工留薪期通常在12个月以内，伤情严重或者遇到特殊情况时，可申请市级劳动能力鉴定委员会确认，确认后可适当延长，但延长期应该在12个月以内。

工伤职工完成伤残等级评定后，公司停止发放原待遇，并按照以下办法向员工支付工资。

（1）员工工伤停工留薪期满后仍需接受治疗时，可继续享受工伤医疗待遇。

（2）对于失去生活自理能力的工伤员工，在停工留薪期内需要护理时，由所在单位负责。

（3）工伤职工已经完成伤残等级评定，并经过劳动能力鉴定委员会确认需要护理的，通过工伤保险基金按月向员工支付生活护理费。

（4）生活护理费分为三档，具体数额通常为当地年度员工月平均工资的50%、40%、30%，分别对应完全不能自理、生活大部分不能自理、生活部分不能自理。

（5）员工工伤或职业病治疗所需费用通过工伤保险基金支付。住院治疗期间按因公出差餐饮补助标准2/3提供餐饮补助。

（6）工伤致残等级包括十个等级。一至四级为全部丧失劳动能力；五至六级为大部分丧失劳动能力；七至十级为部分丧失劳动能力。经鉴定伤残等级属于一至四级的，应退出工作岗位，并终止和公司的劳动合同，公司根据实际情况按月发放伤残抚恤金，标准为员工负伤前12个月的平均工资的75%~90%，其中一级为90%，二级为85%，三级为80%，四级为75%。

（7）公司和员工协商后，可向员工发放一次性伤残补助金。发放标准为员工受伤前12个月平均工资的18~24个月工资。一级为24个月工资，二级为22个月工资，三级为20个月工资，四级为18个月工资。

（8）员工需要异地安家的，公司发放给员工上年度员工平均工资6个月的安家补助费。

（9）伤残等级为五至十级的，原则上由所在公司为其安排工作，并且公司向其发放一次性伤残补助金，发放标准为员工本人6~16个月的工资。五级为16个月本人工资，六级为14个月本人工资，七级为12个月本人工资，八级为10个月本人工资，九级为8个月本人工资，十级为6个月本人工资。

（10）当员工旧伤复发需要治疗和休息时，经过正规机构的确认后，可获得公司的工伤医疗待遇与工伤津贴。

（11）当员工伤残等级为五级或六级，且公司无法为其安排工作时，公司将按月向其发放本人工资70%的伤残抚恤金。当员工伤残等级为七至十级时，经过公司和员工协商后，员工愿意另谋职业的，公司将向其发放一次性医疗补助金和伤残就业补助金，发放标准为五级30个月、六级25个月、七级20个月、八级15个月、九级10个月、十级5个月的本市上年度职工月平均工资。

（12）员工因工伤死亡时，公司需要向其发放丧葬补助金，发放标准为6个月的本市上年度职工月平均工资。

（13）员工因工伤死亡后，公司需要向符合供养条件的员工亲属发放供养亲属抚恤金，发放标准为：配偶每月按上年度公司职工平均工资的40%发放；其他供养亲属每人每月按上年度公司员工平均工资的30%发放，孤寡老人和孤儿每人每月加发10%。发放月抚恤金总额不超过死亡员工月工资收入。

（14）员工因工伤事故直接死亡或者在医疗期间经抢救无效死亡的，公司需要向其发放一次性工亡补助金，发放标准为60个月的本市上年度职工月平均工资。

5.2.8 特殊情况的工资支付细则

（1）员工长期脱产自费上学期间的工资支付。员工长期脱产自费上学期间，公司不支付岗位工资、津贴、奖金（绩效工资）等工资性待遇，按员工培训的相关规定执行。

（2）员工受行政、党纪处分期间工资支付。员工受行政、党纪处分期间，公司将按照《员工奖惩条例有关规定》扣减工资。

（3）员工被限制人身自由期间的工资待遇。员工因涉嫌违法违规而接受调查或“双规”期间未正常提供劳动的，公司将停发一切工资待遇。待调查结束后，凡受到处分者，停发工资待遇不再补发；未受处分的，按正常劳动进行补发。

（4）员工被行政拘留期间的工资支付。员工被行政拘留期间，用人单位将停发一切工资待遇。

（5）员工被依法追究刑事责任期间的工资支付。当员工被依法追究刑事责任时，将停发一切工资待遇，并依法解除劳动合同。

员工处于缓刑期内且正常出勤的，按照本地城市居民最低工资标准支付。

（6）员工被强制戒毒或劳动教养期间的工资支付。员工被强制戒毒或劳动教养期间，停发一切工资待遇。

（7）停工期间的工资支付。非员工本人过错，用人单位部分或整体停产、停业的，需按照如下办法向员工支付工资。

第一，停工时长在一个月以内的，按照员工正常工作时间工资的80%进行支付。

第二，停工超过一个月的，按照不低于最低工资的80%进行支付。

员工本人过错导致停工的，用人单位可不支付该员工停工期间工资，但经认定属于工伤的情况除外。

（8）待岗培训期间工资待遇。员工待岗培训期间，用人单位需要按照预岗工资进行薪酬支付；培训期过后待岗期间，用人单位需按照当地最低工资标准的80%进行支付。

（9）员工提前退养和离岗休养期间的工资支付。按照用人单位提前退养和离岗休养有关规定进行工资支付，例如：离正常退休3年内（含3年）的员工享受在岗时基本工资的全部和加上50%的岗位工资，离正常退休3~5年的员工享受在岗时的全部基本工资。

（10）员工因公陪侍期间的工资支付。第一，员工受用人单位委派陪侍工伤人员的，应视同其提供了正常劳动而向其支付工资。

第二，员工受用人单位委派在集团公司内跨单位陪侍工伤人员的，由用人单位和员工协商，确定其工资支付。

（11）员工工作调动期间的工资支付。第一，员工调离集团公司享受调动假期间，由原调出单位向其支付岗位固定工资和补贴，不支付奖金。

第二，员工在集团公司内部调动，调动假期间按正常出勤支付工资（调入单位支付工资）。

5.3 工资个税的计算方法

5.3.1 工资个税的计算方法

◆个人所得税计算公式

计算个人所得税时，需要使用以下两个公式：

应纳税所得额=工资-个人社保-个人公积金-起征点（5000元）[①]

应纳税额=应纳税所得额 × 税率-速算扣除数

◆个人所得税计算方法

根据现行个人所得税法，个人所得为包括个人工资薪金所得、稿酬所得、特许权使用费所得、劳务报酬所得在内的综合所得，减除费用标准为5000元。附加扣除项目包括子女教育支出、继续教育支出、大病医疗支出、住房贷款利息和住房租金以及赡养老人支出。通过超额累进税率计算个人所得税时需要使用到的公式有：

纳税额=月应纳税额所得额 × 税率-速算扣除数

实发工资=应发工资-五险一金-纳税额

◆个税起征点

个人所得税起征点是指国家为完善税收体制，更好地推进税制改革，而制定的税收制度。2018年8月27日，十三届全国人大常委会第五次会议通过了关于修改《个人所得税法》的决定，个人所得税免征额调至5000元，新个人所得税法于2018年10月1日起过渡施行，2019年1月起正式施行。下面整理了个人综合所得税率表，如表5-2所示。

---

① 外籍人士（包含港澳台）个税起征点也为5000元。

表5–2 个人综合所得税率计算

级数	累计预扣预缴应纳税所得额	预扣率/%	速算扣除数/元
1	不超过36000元部分	3	0
2	超过36000元至144000元部分	10	2520
3	超过144000元至300000元部分	20	16920
4	超过300000元至420000元部分	25	31920
5	超过420000元至660000元部分	30	52920
6	超过660000元至960000元部分	35	85920
7	超过960000元部分	45	181920

注：本表应纳税所得额是指综合所得减去五险一金减去起征点（5000元）的余额。

5.3.2 年终奖个税的计算方法

◆年终一次性奖金

根据国税发〔2005〕9号的规定，纳税人取得全年一次性奖金，单独作为一个月工资、薪金所得计算纳税，由扣缴义务人发放时，代扣代缴，计算方法为：将雇员当月取得的全年一次性奖金除以12，根据其商数确定使用税率和速算扣除数，年终奖税率表如表5–3所示。

表5–3 年终奖税率计算

级数	全月应缴纳税所得额（含税级距）	税率/%	速算扣除数/元
1	不超过3000元部分	3	0
2	超过3000元至12000元部分	10	210
3	超过12000元至25000元部分	20	1410
4	超过25000元至35000元部分	25	2660
5	超过35000元至55000元部分	30	4410
6	超过55000元至80000元部分	35	7160
7	超过80000元部分	45	15160

我们不妨通过两个案例来具体分析。

2018年12月，公司向小王发放一次性年终奖金13000元，而当月工资为5500元。则：13000÷12=1083.33（元）。根据表5-2可知，小王年终奖税率为3%，速算扣除数为0元。因此，小王年终奖应缴个人所得税额为13000×3%-0=390（元）。

2018年12月，公司向小刘发放一次性年终奖金12100元，而当月工资为4900元。由于小刘当月工资不在起征点5000元范围内，所以，计算年终奖个人所得税时，应该先从年终奖12100元中拿出100元补足5000元，之后用剩余的部分12000元计算其年终奖个人所得税，则：12000÷12=1000（元）。根据表5-2，小刘年终奖税率为3%，速算扣除数为0元。因此，小刘年终奖应缴个人所得税额为12000×3%-0=360（元）。

◆第十三个月工资

第十三个月工资即我们经常提到的“年底双薪”，在国内外企业中应用非常广泛。《关于个人所得税若干政策问题的批复》（国税函〔2002〕629号）规定：国家机关、事业单位、企业和其他单位在实行“双薪制”（按照国家有关规定，单位为其雇员多发放一个月的工资）后，个人因此而取得的“双薪”，应单独作为一个月的工资薪金所得计征个人所得税。

将第十三个月工资作为年终奖时，根据《国家税务总局关于调整个人取得全年一次性奖金等计算征收个人所得税方法问题的通知》（国税发〔2005〕9号）的规定，纳税人取得全年一次性奖金，单独作为一个月工资、薪金所得，除以12个月，按其商数确定适用税率和速算扣除数后再计算个税。

比如小张2019年1月工资为8000元，第十三个月工资又发了8000元，五险一金500元，将工资和第十三个月工资分别计税，则小王应缴个人所得税为：

工资个人所得税 =（8000−500−5000）× 3%=75（元）

8000 ÷ 12=666.66（元），对应税率3%，则第13个月个人所得税 = 8000 × 3%=240（元）。

◆实物或消费券

对于公司年终向员工发放的实物（生活用品、3C电子、汽车等）和消费券（电影票、演唱会门票、免费旅游、个人认购股票等），员工也需要按照其价格缴纳个人所得税。对于实物，员工应按照取得凭证上标注的价格缴纳个人所得税，没有凭证或者标注价格明显过低的实物，员工要按照其市场价缴纳个人所得税。对于消费券，员工应该按照票面价格和市场价格确定并缴纳个人所得税。

5.4 奖金管理与分配制度

5.4.1 奖金管理整体要求

（1）用人单位根据自身经营状况，向爱岗敬业、遵守规章制度以及为组织做出贡献的员工给予奖励。

（2）对于向员工发放的各种奖金，如果出现下列情形，用人单位将扣发奖金的一部分或全部停发。

公司出现重大亏损。

奖金规则存在漏洞。

所发奖金违反政策法令。

公司遇到不可抗力的灾难。

（3）向用人单位申请各项奖金时，应该由具备领奖资格的员工的直属上级填写奖金申请书，并提交给人事部门，加注相关人事记录资料及考核意见后送请规章执行委员会审议，然后执行。

（4）奖金核准日在上半月的，用人单位需从上半月开始发放；核准日在下半月的，用人单位则应该从下半月起发放。

（5）凡出现下列情形的，除按照用人单位管理规定进行处罚外，3～6个月内不得参与各项奖金评选活动，已经得到奖金权的，将从当月起停发，直到其表现合格。

不能胜任岗位工作者。

存在斗殴、偷窃、诈骗、赌博、拖欠他人钱财不还等行为者。

在言语或行为上对同事、公司不利者。

损害公司声誉和形象者。

利用职务之便牟取私利者。

工作进度缓慢而损害公司或他人利益者。

（6）凡因故停发或减少部分奖金者，应该由其直属上级和人事部人员共同提供理由意见书和相关材料，报送规章执行委员会审议后执行。

（7）凡因故被停止发放奖金的核准日在发本期工资之前者，应该在本次发放工资时执行；核准日在发本期工资之后者，则在下次工资发放之日执行。

（8）各部门管理者每半年对本部门获得奖金的员工在过去半年中的生活与工作状况进行汇总，提交书面报告，经人事部门加签考核意见后，报送规章执行委员会进行资格审查。

5.4.2 全勤奖金管理制度

（1）为奖励遵守规章制度的全勤员工，用人单位特设置全勤奖，该奖项的核实发放、增减及停止都应该遵循全勤奖管理制度。

（2）凡经公司正式录用的员工，自入职之日起满一年后，皆可享受本奖金申请权。

（3）本奖金的申请由具备奖金申请资格的直属部门主管人员填写申请书，并根据表5-4所列项目签注意见，送人事部办理。

表5-4　全勤奖签注意见包括的主要项目

序号	项目
1	岗位工作胜任力
2	出勤情况
3	责任心
4	品德
5	个人和公共卫生
6	服装仪容

（4）凡获得奖金权的员工，出现下列情形时将被视为缺勤，除按照公司出勤有关规定进行处分外，还将停发该员工当月奖金。

迟到、旷工者。

出勤作假者。

打卡上班后，未按规定时间工作者。

工作期间擅离岗位者。

工作期间睡觉、闲聊、吃零食、因私事会客、阅读和工作无关书报杂志等怠工者。

在下班前停工者。

在工作时间吵架、斗殴者。

凡部门主管人员对所属员工管理不善者。

（5）凡当月出现上条规定三次记录者，除停发当月全勤奖外，还将禁止其参与未来3个月的全勤奖评选活动。在停止期内无缺勤记录者，停止期满后可向人事部申请恢复，否则仍予顺延。

（6）全勤奖支付率随员工工龄及工作业绩递增，上限为员工当月工资的30%，某公司全勤奖支付率如表5-5所示。

表5-5 某公司全勤奖支付率 （%）

评价条件	支付率
工作满1年且绩效考核成绩良好及以上	3
工作满2年且绩效考核成绩良好及以上	5
工作满3年且绩效考核成绩良好及以上	10
工作满5年且绩效考核成绩良好及以上	15
工作满10年且绩效考核成绩良好及以上	20
工作满15年且绩效考核成绩良好及以上	30

（7）全勤奖奖金将和员工下月工资一起发放。

5.4.3 荣誉奖金管理制度

（1）为帮助员工养成良好工作态度和良好职业道德，××公司特制定荣誉奖金管理制度，该制度奖励事项如表5-6所示。

表5-6 某公司荣誉奖金奖励事项

序号	奖励事项
1	服装仪容得体规范
2	整洁性符合公司个人卫生有关规定
3	个人品德良好
4	主动承担岗位职责

（2）××公司每季度举办荣誉称号评选活动，获一级荣誉称号共3人，颁发一级荣誉证书及1000元奖金；获二级荣誉称号共5人，颁发二级荣誉证书及500元奖金；获三级荣誉称号共10人，颁发三级荣誉证书及200元奖金。

（3）荣誉称号评选由各小组提名，部门主管汇总提交人事部，经人事部考核后公示拟表彰名单。公示期间所有组织成员可通过电子邮件、短信、书面资料等形式监督反馈，公示期过后在公司季度会议上由总经理和各部门主管为获奖人员颁奖。

5.4.4 年节奖金管理制度

（1）为实施人性化管理，建设和谐组织，在公司财务状况允许的情况下，× × 公司特制定年节奖金管理制度。

（2）凡在当年年度内无无故旷工、遭到行政处罚者都有资格获得年节奖金。

（3）凡入职满3个月以上而不满一年的员工，其请假总天数从入职之日起计算。在当月工作满20天者以一个月计算，满10天者按半个月计算。

（4）入职不满一年的员工，在该年度内按照公司规章制度办理请假手续的，也不影响其奖金发放资格。

（5）计算年节奖金额时，均按照各员工在本年度内平均工资（不包含加班费和其他奖金）为标准。

（6）各部门主管和人事部人员对员工工作成绩和相关材料进行汇总，经规章执行委员会审议后发放。

（7）奖励等级评定项目及资料如表5-7所示。

表5-7 奖励等级评定项目及资料

项目	品德	工作能力	责任心	工作态度	出勤	服装仪容
占比	30%	20%	20%	20%	5%	5%
扣减事项	（1）言行对同事或公司不忠诚。 （2）贪图私利。 （3）说谎。 （4）借款不还或经手钱财不清	（1）不熟练。 （2）勉强完成工作。 （3）无法胜任工作	（1）业务繁忙时工作积极性较低。 （2）休假前未处理好工作。 （3）工作消极懈怠。 （4）工作不踏实	（1）工作中交头接耳、嬉笑打闹。 （2）工作时间吵架、斗殴。 （3）工作时间睡觉。 （4）拖延工作。 （5）私事会客	（1）经常迟到。 （2）频繁请假。 （3）无故旷工	（1）服装不整洁。 （2）头发太长。 （3）未按要求穿工作服。 （4）在公共场所吸烟

（8）凡出现表5-7所列项目者，取消其该项目得分。

（9）年节奖金等级标准如表5-8所示。

表5-8 年节奖金等级标准

奖金等级	评定条件
一等奖	总分满100分
二等奖	总分大于等于70分小于100分
三等奖	总分大于等于40分小于70分

（10）评分不足40分者，不发放奖励。

5.4.5 奖助升学管理制度

（1）为推动所有组织成员升学进修，帮助企业培养更多的优秀人才，××公司特制定奖助升学管理制度。

（2）凡在本公司工作两年及以上者，成绩优异并且符合以下要求的员工，可由其部门主管人员选送升学。

在工作中有突出表现。

有学习进修意愿，满足一定知识要求。

思想进步，品行优良。

体格健全。

年龄、资格等符合升学相关规定。

（3）凡出现以下情况之一者，公司将立即停止对其奖助，并予以一定惩罚。

言行对公司严重不忠。

品行不良。

被开除学籍者。

擅自中途辍学者。

不按规定提交成绩单者。

学业总成绩不及格者。

（4）受奖助员工毕业后，应继续回到本公司工作，且再工作年限不得低于受资助年限。

（5）受奖助员工毕业回公司工作后，其在校学习年数计作工作年限。

（6）各部门主管必须将受奖助员工姓名、岗位、所在部门、所在学校等，在每学期开学后汇总并提交给人事部备查。

5.4.6　项目奖金分配制度

（1）为确保奖金能够公平公正地发放到项目组成员手中，××公司特制定项目奖金分配制度。

（2）本制度适用技术部、开发部以及参与项目开发的其他人员。

（3）项目奖金发放步骤如表5-9所示。

表5-9　项目奖金发放步骤

步骤	操作办法
1	市场部下发《新产品开发建议书》
2	技术部部长、开发部部长下发《产品设计任务书》，根据部门当时人员配置情况，确定项目负责人；若其他人员有异议，可通过公开竞聘方式决出项目负责人
3	项目负责人根据项目开展需要确定项目组成员，并编制《产品设计计划书》
4	根据分工难度和工作量大小确定项目奖金分配比例
5	项目小组完成开发任务
6	项目验收、确认
7	发放项目奖金

（4）确定项目奖金分配比例。

第一，确定项目奖金总体分配比例。项目总奖金30%在部门中平均分配，剩余70%由项目组分配，通常项目负责人获得20%，剩余50%则根据项目组各人员工作难度和实际工作量大小确定比例进行分配。

第二，确定工作量和工作难度。

项目评估。以设备研发项目为例，设备研发项目评估应该从项目难度和项目时间两个方面进行，如表5–10、表5–11所示。

表5–10 基于项目难度的项目评估

序号	评估标准	评估结果
1	整机设计，设备结构、电路、软件等都要进行重新设计	大项目
2	部分设计，对设备结构、电路、软件等部分进行设计	中项目
3	局部设计，仅设计某个模块	小项目

表5–11 基于项目时间的项目评估

序号	评估标准	评估结果
1	项目时间超过6个月	大项目
2	项目时间在3~6个月	中项目
3	项目时间在3个月以内	小项目

确定项目开发难度等级，如表5–12所示。

表5–12 项目开发难度等级

等级	难度	难度描述
1	非常容易	可利用公司现有方案，不需要重新构思
2	容易	可利用公司内部类似方案，只需要进行局部的修改完善
3	困难	公司内部无类似方案，需要根据外部类似方案进行全新设计
4	比较困难	公司内外部均无类似方案，需要设计新方案
5	非常困难	找不到类似方案，需要进行较大的创新

确定工时系数时，可参考表5–13。

表5-13　工时系数参考表

级别	工时占比
1级	不到20%
2级	20%~40%
3级	40%~60%
4级	60%~80%
5级	80%~100%

确定责任程度等级。确定责任程度等级时可参考表5-14。

表5-14　责任程度等级参考表

级别	责任人
1级	结构工程师
2级	硬件工程师、软件工程师、测试工程师
3级	项目负责人

各种系数权重占比。开发难度系数占比50%；工时系数占比40%；责任程度系数占比10%。

各种系数计算方法。评估委员会通过投票计算出难度系数；根据公司规定各工种等级确定责任程度等级系数；根据开发计划中的各工种在项目中的工时百分比计算出工时系数。

评估难度系数。评估委员会采用无记名投票方式，去掉一个最高分，去掉一个最低分，然后对其他有效分进行平均即为该项得分。评估委员会成员包括公司总经理、总工程师、技术部部长、开发部部长、软件工程师、硬件工程师、结构工程师、测试工程师。

应用举例。某项目组成员包括项目负责人、软件工程师、硬件工程师、结构工程师、测试工程师共5人。项目组成员系数评定等级如表5-15所示。

表5-15　项目组成员系数评定等级表

项目组成员	难度系数：50%	工时系数：40%	责任程度系数：10%
项目负责人	4	3	3
软件工程师	3	3	2
硬件工程师	2	2	2
结构工程师	1	1	1
测试工程师	2	2	2

项目组成员各自所占权重为：

项目负责人：$4\times50\%+3\times40\%+3\times10\%=2+1.2+0.3=3.5$

软件工程师：$3\times50\%+3\times40\%+2\times10\%=1.5+1.2+0.2=2.9$

硬件工程师：$2\times50\%+2\times40\%+2\times10\%=1+0.8+0.2=2.0$

结构工程师：$1\times50\%+1\times40\%+1\times10\%=0.5+0.4+0.1=1.0$

测试工程师：$2\times50\%+2\times40\%+2\times10\%=1+0.8+0.2=2.0$

项目组成员奖金分配比例为：

项目负责人：$3.5\div(3.5+2.9+2.0+1.0+2.0)\times100\%=30.70\%$

软件工程师：$2.9\div(3.5+2.9+2.0+1.0+2.0)\times100\%=25.44\%$

硬件工程师：$2.0\div(3.5+2.9+2.0+1.0+2.0)\times100\%=17.54\%$

结构工程师：$1.0\div(3.5+2.9+2.0+1.0+2.0)\times100\%=8.77\%$

测试工程师：$2.0\div(3.5+2.9+2.0+1.0+2.0)\times100\%=17.54\%$

第三，在正式开发项目前首先确定项目奖金分配比例，项目负责人组织项目评估委员会，并由后者完成项目奖金分配比例，填写《项目开发难度系数评分表》与《项目奖金分配比例记录表》。

第四，项目开发过程中出现人员调整及任务分配变更情况，或有人提出调整分配比例时，待项目完成后，由项目负责人组织评估委员会对项目奖金分配比例进行重新分配，并重新填写《开发项目难度系数评分表》与《项目奖金分配比例记录表》，原记录表废止并存档。

第五,《项目奖金分配比例记录表》一式三份，项目负责人负责组织填写，一份交由本部门存档，一份交综合部，一份交财务部。所有项目组成员签字后，记录表方可生效；当记录表出现变更时，项目负责人要及时向综合部和财务部反馈，以便后者及时更新表中信息。

第六，项目开发完成后，产品后期运维不影响原项目奖金分配比例，即便产品运维人员不是原项目开发组成员。

第七，改型产品可参考原产品项目奖金分配比例重新确定项目奖金分配比例。

第八，当项目组出现非技术部、开发部成员时，也可享受该项目奖金分配，分配额由项目组成员协商确定。

（5）项目奖金发放。

第一，发放条件。整个项目验收合格且所有技术资料归档后才能开始发放项目奖金。

第二，发放标准。技术部和开发部平均分配奖金。项目总奖金的30%由部门平均分配，参与分配人数按照分配奖金时技术部和开发部现有人数为准，新入职员工也可参与项目奖金分配，但必须是正规编制员工。

新加入员工奖金分配办法：

$$新加入员工奖金=入职月数\times(部门平均分配奖金\div部门所有成员年度总工作月数)$$

老员工奖金分配办法：去除新员工奖金后，除以老员工人数，即为老员工应获奖金。

第三，完成开发项目后，如果出现项目组成员调离公司情况，其所获奖金将归技术部和开发部共有，具体如何分配和使用由两部门协商。

第四，完成项目开发后，如果出现项目组成员调离技术部或开发部的情况，该员工仍拥有一年（自调离日起）项目奖金分配权。调离满一年后，该员工不再拥有项目奖金分配权，其项目奖金归原部门所有。

第五，用户使用产品时，如果出现因设计质量引发的安全责任事故，××公司将扣发该产品本季度所有项目奖金。

CHAPTER 6 典型岗位的薪酬管理方案

6.1 研发岗位的薪酬管理方案

6.1.1 研发岗位的薪酬结构设计

在日常工作中，研发岗位人员需要创造性地运用科学技术帮助企业创新并完善技术、产品与服务。为此，薪酬管理人员需要科学设计研发岗位的薪酬结构。研发岗位的薪酬通常包括职能工资、年功工资、绩效工资、项目奖金、福利计划等。

（1）职能工资。员工具备承担某个具体岗位的能力并承担该岗位时，企业应该向员工支付的工资便是职能工资，职能工资又包括岗位工资和能力工资，下面以某互联网公司工程项目部为例，详细介绍研发岗位的职能工资，如表6–1所示。

表6-1 某互联网公司工程项目部职能工资 单位：元/月

项目人员	优	中	良	合格	不合格
项目负责人	2500	2300	2000	1800	1500
项目经理	2000	1800	1500	1300	1000
项目组长	1800	1500	1300	1000	800
程序员	1500	1300	1100	900	700
美工	1000	900	800	600	500
测试人员	1000	900	800	600	500

（2）年功工资。年功工资=适用津贴标准+工作年限×50元，工作年限最高累计至15年，某互联网公司工程项目部年功工资如表6-2所示。

表6-2 某互联网公司工程项目部年功工资 单位：元/月

序号	职位	年功工资
1	项目负责人	300
2	项目经理	200
3	项目组长	150
4	程序员	100
5	美工	100
6	测试人员	100

（3）绩效工资。行为绩效工资=行为绩效基数×[（考核指数÷100）×100%]。行为绩效基数如表6-3所示，考核指标如表6-4所示。

表6-3 某互联网公司工程项目部行为绩效基数

序号	职位	行为绩效基数
1	项目负责人	2000
2	项目经理	1800
3	项目组长	1500

续表

序号	职位	行为绩效基数
4	程序员	1300
5	美工	1000
6	测试人员	1000

表6-4　某互联网公司工程项目部考核指标　（%）

考核指标	说明	权重	评分标准
任务完成情况	是否完成项目组下达的指标	30	（1）完成任务记满分。 （2）未完成任务按完成量（百分比）×30计算
工作态度	工作态度是否端正、认真、踏实	30	（1）工作态度端正、认真、踏实记满分。 （2）工作不认真者视情况分“一般”记20分、“差”记10分
平时表现	平时考勤是否合格、是否按时完成项目组下发的任务	20	（1）平时能够按时完成上级给予的工作任务，无缺勤情况的记满分。 （2）平时能够按时完成上级给予的工作任务，有缺勤情况的记16分，以后每多一次缺勤或者未完成任务次数扣4分
团队合作	是否可以进行有效的团队合作，完成团队的任务	20	（1）能够很好进行团队合作、完成团队任务、和谐队友关系记满分。 （2）有出现破坏团队气氛、有损团队和谐情况的扣5分/次

（4）项目奖金。完成整个项目后，公司根据项目完成质量、盈利等向项目组成员发放的奖金便是项目奖金。很多企业通常将项目利润的20%作为项目奖金发放给项目组成员，项目奖金分配情况可参考表6-5。

表6-5　某互联网公司工程项目部项目奖金　（%）

序号	职位	分配比例
1	项目负责人	6
2	项目经理	4
3	项目组长	2

续表

序号	职位	分配比例
4	程序员	4
5	美工	2
6	测试人员	2

（5）福利计划。福利计划主要是指研发部门向部门成员提供的各种形式的补贴、节日奖金、培训机会、集体出游活动等。

6.1.2 研发岗位的薪酬管理要点

由于研发岗位的特殊性，其薪酬管理存在诸多难点，如表6-6所示。

表6-6 研发岗位的薪酬管理难点

序号	难点描述
1	项目成果具有滞后性，导致项目研发结束后，无法立即为企业创造收益。这种情况下，如何发挥薪酬的激励作用，确保研发岗位人员保持较高工作积极性无疑是一项难题
2	多项目并行。在企业经营管理过程中，很多时候并非一个项目完成后再开始新项目，而是多个项目同时进行，这种情况下，一个研发岗位人员可能是多个项目成员，如何为各项目人员合理分配薪酬就成为一项难点
3	项目成果量化困难。部分项目是对产品进行优化完善，部分项目是研发新技术，还有部分项目是改造流程等，对这些项目进行量化考核难度较高，从而对研发岗位人员薪酬分配造成困扰
4	项目管控难度高。不同项目所需要的资源、成本、周期等存在较大差异，导致不同项目需要差异化的管理模式，从而增加了研发岗位薪酬管理复杂性

基于研发岗位基本特征，考虑到上述研发岗位薪酬管理难点，薪酬管理人员在对研发岗位进行薪酬管理时，必须做好以下几个方面。

（1）年度调整。结合公司年度绩效目标完成状况、市场薪酬水平变化、员工个人绩效表现等每年定期对研发岗位薪酬进行调整。

（2）晋升调整。当研发岗位人员所在岗位发生变化时，薪酬管理人员要及时对其薪酬进行调整。

（3）特别调整。当出现研发岗位人员绩效表现突出、做出特别贡献、国家政策法规变化等特别情况时，薪酬管理人员应及时对其薪酬进行调整。

（4）宽带薪酬。设计宽带薪酬和职级工资，使研发岗位人员薪酬可以随着自身能力、业绩增长而稳定增长，从而提高其工作积极性。

（5）奖金。使研发岗位人员薪酬和公司经营业绩相关联，公司经营业绩良好时，通过发放奖金和员工分享利润；经营业绩不佳时，减少或停发奖金，唤醒员工奋斗意识。实践证明，这能使研发岗位人员意识到自身对公司的价值和贡献，有效激发其主人翁精神。

（6）薪酬组合。不同研发岗位人员从事的具体工作、所在岗级等存在一定差异，所以其薪酬组合方案也应该有所不同。

（7）关联度。项目成果应该和参与项目的研发岗位人员薪酬呈正相关，这能保障项目参与人员形成统一目标，并积极沟通协作。

（8）差异性。杜绝“平均主义”，使工作能力强、更有责任心、劳动量更多的员工获得更高的薪酬。

（9）行业差异。例如：对于发展相对成熟的科技企业，其研发岗位人员的薪酬结构可以采用项目制目标管理和绩效考核相结合，并在重大项目进程里程碑阶段对其绩效进行考核，并兑现激励；对于初创类的小微企业，其整个组织更像是一个由几个小微团队组成的平台，研发岗位人员相对较少，薪酬管理较为灵活。

（10）分层分类。根据研发岗位人员岗位等级和类型的差异，从团队、行为、过程、结果等多种角度设计薪酬管理方案，以便充分激活各研发岗位人员的工作积极性。

6.1.3 研发岗位的薪酬管理制度

（1）目的。为加强研发岗位人员的薪酬管理水平，充分发挥研发岗位人员的工作积极性和创新能力，××公司特制定研发岗位薪酬管理制度。

（2）适用范围。本制度适用××公司所有立项的新产品研发、技术研究及相关配套科技攻关项目的管理与激励。

本制度适用××公司所有参与研发的研发人员。

（3）职责权限。由研发部负责组织项目人员、评定项目类型、项目实施过程管理、项目工资分配。

技术管理部负责对研发部提报的项目进行验收，并给出明确结论。

总工程师负责研发项目的最终评定。

（4）研发岗位人员薪酬构成。研发岗位人员薪酬包括岗位基本薪酬和研发项目薪酬两大类，其中，岗位基本薪酬根据员工岗级、岗位工作内容、岗位任职资格等确定；研发项目薪酬由项目类型、研发难度、研发成果、个人考核结果等确定。此外，参与项目研发的非研发部人员也可享受项目薪酬，具体数额根据项目实际情况决定。

（5）岗位基本工资及业绩考核。××公司产品项目研发岗位设置包括项目经理、项目负责人、工程师、技术员。每一类岗位设置4个级别，其中一级为最高级。

产品项目研发岗位人员岗位发生变化时，其岗位基本工资随之调整。

参与产品项目研发的研发人员，日常工作中有责任完成公司分配的技术基础工作、技术改进工作，以及对其他部门的技术支持工作。

（6）项目薪酬与考核方式。项目薪酬是公司根据单个研发项目实际情况向参与项目研发人员发放的不定期工资。

项目工资发放标准。根据项目类别、技术复杂度、项目开发市场等因素确定项目工资发放标准，如表6-7所示。

表6-7 研发项目类别及对应的项目工资分类　　单位：元

项目类别		项目内容	项目完成周期	发放标准
A	A1	高技术含量（含高端定位）的科研项目等	6个月至1年	1000 ~ 2000
	A2	与现有结构完成不一致的需单独设计的新外观、新结构的科研项目	6~8个月	1000 ~ 1500
	A3	全新开发的填补公司空白的新结构，可推广使用于同类产品、性能和可操作性优于老结构，具有明显的市场或价格优势	6~8个月	1000 ~ 1500
B	B1	常规科研项目，常规结构和内部零件，全新开发新机型	4个月	1000 ~ 1200
	B2	全新外观的各类科研项目，具有明显的优越性和优良的装配性能	4个月	1000 ~ 1200
	B3	旧机型翻新，产品升级，需改变外形或外形不变内部结构及配置升级，需修改或新开模具的	2个月	800 ~ 1000
C	C1	与公司现有产品功能和外观基本一致，内部零件相同，仅改变正面造型的	1个月	500 ~ 800
	C2	公司现有产品的二次改造，以优化结构、降低成本、提高生产效率和扩大市场为目的	2个月	500 ~ 800
	C3	科研项目改造需增加结构，新零件。增开新模具的，以及同类性质的功能转变的产品开发	2个月	500 ~ 800

注：（1）研发部接受产品策划立项（任务书）后，即成立项目组，下达开发任务；鉴于业务发展考虑，对于表中没有规定的项目，由研发部负责人按照项目的实际情况参照表中近似的类别予以评定；下达开发任务时，任务书上至少应包含项目组成员、项目负责人、完成时间、项目工资上限，并报总经理批准有效。本规定亦适用于立项的技术改造。

（2）项目完成时间：一般指项目立项到中批量生产完成的时间段，表中给定的时间段仅供参考，具体完成时间按产品立项书中标明的时间要求进行考核。

（3）若遇项目完成时间节点调整，必须由项目组提出，研发部经理审核，报总经理批准有效。

（4）属于外观更改项目，不做小批试产，以“样机评审后文件资料输出”作为节点。

（7）项目薪酬分配原则。项目负责人的项目薪酬不得超过整个项目薪酬的40%。每个项目设置一个负责人。研发岗位人员可兼职参与项目开发，各项目薪酬累计计发，上不封顶。

在自然年度内，研发部所有按照本制度获奖总额的10%用于奖励研发部人员。

（8）项目考核。项目考核重点考量项目质量、项目成本、项目完成时长三大要素。项目完成节点规定为完成中批量试产所需相关资料输入工作，之后便可提报技术管理部进行验收。

出现产品项目开发进度延迟情况后，根据实际情况扣发5%~20%的项目薪酬。非因客户主动要求提出延期，一律按照项目开发计划书中的计划开发进度时间为准。如果出现项目开发严重延期，对客户及企业利益造成损失的，取消项目薪酬，并追究项目责任人责任。

技术管理部根据开发项目验收流程进行项目验收工作，合格后，技术管理部开具“开发项目验收合格通知单”，并提报总工程师核准。总工程师核准后，研发部制作项目薪酬分配名册，并提报总经理批准实施。

（9）罚则。凡拒不接受项目开发任务的研发岗位人员，公司将予以岗位薪酬降级处罚，情节严重者将被辞退。

项目研发延期导致客户取消合作或公司支付数额较大违约金的，公司将对项目负责人予以降职甚至辞退处分。

6.2 销售岗位的薪酬管理方案

6.2.1 销售岗位的四种薪酬方案

（1）纯基本工资制。纯基本工资制是指销售岗位人员的薪酬完全由岗位基本工资构成，员工处于什么岗位就按照什么岗位的薪酬标准获得薪酬。销售部门的岗位设置包括销售助理、销售业务员、销售主管、销售经理、销售总监等，显然，这种薪酬方案对岗位价值评估提出了较高的要求。

纯基本工资制具有两个方面的明显优势：

一是体现企业内部薪酬公平。纯基本工资制根据岗位价值评估结果确定员工薪酬，而岗位价值评估可以较为客观、公正地衡量各岗位对企业的相对价值，有利于保障企业内部薪酬公平。

二是直观、易操作，薪酬沟通难度较低，有利于得到销售岗位人员的认可。

不过，纯基本工资制的缺点也非常明显。

一是纯基本工资制仅考虑岗位级别这个单一要素，不利于激发员工的工作积极性。

二是对岗位价值评估结果依赖性过高。

（2）基本工资+业务提成。基本工资+业务提成模式是指企业定期向销售岗位人员支付一定数额的底薪，并根据其销售业绩，以月、季、年等为周期发放一定比例提成的薪酬方案。

提成包括按成交量计价和按成交总额计价两种类型，其中，绝大部分企业采用按成交总额计价方式。提成比例根据销售额、销售价格、销售难度、岗位级别等因素综合确定。

在该模式中，基本工资在销售岗位人员整体薪酬中占据的比例相对较小，通常为15%～25%。该模式的优势主要包括两个方面。

一是体现公平性。该模式使销售人员薪酬收入和绩效考核结果相关联，付出更多劳动、达成更多交易额的员工将获得更高回报。

二是激励和约束并存。这种模式能够激励销售人员为获得更高薪酬回报而付出更多努力，同时，也对那些消极懈怠的员工有一定的约束作用。

（3）基本工资+业务提成+奖金。基本工资+业务提成+奖金模式同时利用业务提成和奖金激励销售岗位人员付出更多劳动。该模式中的业务提成和奖金发放依据存在一定差异，其中，业务提成偏向于产品销售带动的企业业绩量的增长，而奖金则偏向于销售对企业发展质量的提升。

与“基本工资+业务提成”模式不同的是，该模式在一定程度上弱化了业务提成对员工薪酬收入的影响，即同等销售业绩下，员工可获得的业务提成数额比前者要小。不过，该模式增加了“奖金”这一薪酬项目，反而提高了员工整体薪酬水平，而且奖金是根据企业实际发展情况确定，有利于员工和企业建立利益共同体乃至命运共同体关系。不过，这种模式也有一定的短板，如员工奖金考核项目中存在很多难以量化的考核指标，考核结果和考核人的主观意愿存在较大关联，可能会引发员工的质疑。

（4）纯业务提成。纯业务提成模式是一种销售岗位人员薪酬收入完全由业务提成决定的薪酬方案。在该模式中，销售岗位人员薪酬完全是浮动薪酬，需要承担较高的风险，所以，该模式的适用范围相对有限。通常情况下，纯业务提成模式比较适合以下情况：

第一，产品缺乏明显竞争优势，销售量对销售人员的销售能力有较高的依赖性。

第二，从引流获客到达成交易周期较短。

第三，销售岗位人员不需要经过长期培训即可适应岗位工作。

高风险通常意味着高收益。在纯业务提成模式中，销售岗位人员业务提成比例相对较高，因此，对员工的激励效果最强，但由于没有固定薪酬，员工收入不稳定，极端情况下，可能出现员工及其家人基本生活无法得到保障的情况。

此外，纯业务提成模式使销售人员的收入单纯与其销售业绩锁定，导致一些对企业发展非常重要的能力、素质（比如责任心、合作精神等）得不到应有重视，易助长员工短期行为，对企业的长期稳定发展埋下隐患。

6.2.2　销售岗位的薪酬管理要点

提升销售岗位的薪酬管理水平，有助于提高销售职能对企业经营战略的支持，帮助企业更好地留住优秀人才。但绝大部分企业的销售岗位薪酬管理处于较低水平，例如：没有考虑销售人员和企业实际情况，激励效果相对较差；和企业发展战略缺乏协同，难以为企业战略落地实现提供强有力的支持；等等。为有效解决这些问题，薪酬管理人员在对销售岗位进行薪酬管理过程中必须做好以下几点。

（1）基于销售区市场规模差异度确定采用销售佣金或销售奖金。销售佣金和销售奖金虽然仅有一字之差，但二者含义存在明显差异，销售佣金是指销售岗位人员所获薪酬是按照一定比例从销售业绩中提成，销售业绩完全决定销售佣金；而销售奖金和销售业绩虽然也有较大关联，但二者之间属于一种间接关系，销售岗位人员不仅要达成预设绩效目标，还要确保客户评价、回款速度、用户量等满足一定条件，才有资格获得销售奖金。

为了避免组织成员间的恶性竞争，大部分企业通常会要求不同销售岗位人员负责不同的市场，而不同市场的市场规模存在一定差异，身处规模较大市场的员工更容易达成较高的销售业绩。如果两个市场的市场规模差别不大，企业对两个市场中的销售岗位人员均采用销售佣金模式是相对合理的。但如果两个市场的市场规模差距较大，企业仍简单地采用销售佣金模式，便有违公平，长此以往，员工流动性将显著提高，而且企业在份额较小的及新的市场中也很难有所作为。

采用销售奖金模式可以有效解决该问题，因为销售奖金模式并非简单地根据销售业绩进行薪酬支付，而是同时考虑绩效目标完成情况以及用户满意度等多种因素。薪酬管理人员可为不同市场中的销售岗位人员设置差异化的绩效目标，然后根据销售岗位人员完成绩效目标的程度确定销售奖金。这种情况下，不同销售岗位人员可以获得相对均等的销售机会和薪酬机会，从而确保了薪酬分配公平。

（2）确定合适的薪酬构成比例。众所周知，很多企业的销售岗位薪酬结构中，同时包括固定薪酬（基本薪酬）和浮动薪酬（激励薪酬）两大类，如何确定这两类薪酬的比例无疑是薪酬管理人员面临的一项痛点。

实践中，部分薪酬管理人员对销售岗位薪酬管理的认识存在一种误区，即浮动薪酬占据的比重越高，其激励效果也就越明显，事实真的如此吗？答案当然是否定的。浮动薪酬比例过高，将导致薪酬岗位人员收入非常不稳定，使其承担过高压力，难以对企业建立较高忠诚度。

固定薪酬的职能是用于保障员工基本生活，而且各地也根据当地实际情况制定了最低工资标准线，所以，薪酬管理人员可参照该标准线确定固定薪酬。为调动员工工作积极性而大幅度降低固定薪酬比例的做法是不明智的，一方面会引发员工的不满和抱怨；另一方面可能出现因员工工资低于当地最低工资标准线而违反法律法规的风险。

不同行业、不同规模的企业，销售岗位人员的薪酬构成比例有所不同，如表6–8所示。

表6–8　典型行业销售岗位人员固定薪酬和浮动薪酬占比

序号	行业	薪酬构成比例
1	家具行业	固定薪酬为25%、浮动薪酬为75%
2	科技行业	固定薪酬为55%、浮动薪酬为45%
3	快消品行业	固定薪酬为50%、浮动薪酬为50%
4	化工行业	固定薪酬为45%、浮动薪酬为55%

（3）强化销售岗位人员考核指标管理。考核指标应该与企业战略目标相结合，确保销售职能为企业战略提供有效支持。

考核指标直观、明确，便于绩效考核人员操作。如果考核指标模糊、复杂，不仅不利于绩效考核人员高效开展工作，还会使员工质疑绩效考核公平性。

保障考核指标数据的准确性、真实性和可获得性。

考核指标在精而不在多。部分企业的销售人员绩效考核体系中设置了很多考核指标，因为绩效考核人员认为添加多个指标可以保障考核的全面性、系统性。但这种做法存在明显弊端，即过多的考核指标使员工感到混乱，他们不清楚企业真正重视哪些知识、技能、品德、行为等，这样既限制了他们的学习成长，也不利于企业战略落地实现。

（4）确定合理的绩效考核与支付周期。企业可按照月、季度、年度等对销售岗位人员进行绩效考核。实践中，薪酬管理人员具体应该选择哪个考核周期需要参考销售周期与绩效考核指标数据的可获得性等。例如：对于快消品这种销售周期较短、绩效考核指标数据容易获得的情况，以月为单位对销售岗位人员进行绩效考核不失为合理的选择；对于大型工程机械设备这种销售周期较长、绩效考核指标数据获取难度高的情况，更加适合以季度甚至年度为单位进行考核。

（5）控制浮动薪酬范围。对于浮动薪酬是否应该设置上限向来是企业薪酬管理的一项难点。从销售岗位人员视角上，对浮动薪酬设置上限后，不利于充分激发员工潜能，但在企业经营视角上，设置浮动薪酬上限又是有必要的，一方面，对浮动薪酬设置上限后，薪酬管理人员可以更好地控制薪酬成本，避免薪酬成本超出预算；另一方面，企业的供给能力是相对有限的，设置浮动薪酬上限后可以避免出现销售人员为追求高提成而向客户许下不可实现承诺等违规销售情况。

（6）完善薪酬支付细节。例如：很多行业存在销售回款问题，以工程机械销售为例，工程机械订单额较高，客户普遍拖欠较大数目的尾款，而销售实际回款决定了企业现金流情况，在销售订单尚未回款或仅收到部分货款的情况下，如何向销售岗位人员支付薪酬就成为一项难点。为解决类似问题，薪酬管理人员必须对薪酬支付细节进行优化完善，在保障销售岗位人员合法权益的同时，推动企业长期稳定发展。

6.2.3 销售岗位的薪酬管理制度

（1）目的。为激活销售岗位人员的能动性，更好地实现公司销售目标，助推公司业务拓展，××公司特制定销售岗位薪酬管理制度。

培养销售岗位人员的营销技巧、商务谈判、客户拓展、客户维护、团队协作等专业技能以及敬业、诚信、责任心等优良品德，塑造团队成员相互帮助、交叉学习、共同提高的团队风貌，为公司的长期稳定发展奠定良好基础。

提高销售岗位人员对公司的荣誉感、归属感、忠诚度，确保组织稳定性。

（2）制定原则。××公司销售岗位薪酬管理制度坚持实事求是、绩效落实、公平公正等原则，在对员工工作业绩进行客观、公正评价的基础上，强调薪酬竞争性、激励性，并向核心骨干人才倾斜，力争提高员工工作热情，实现奖励先进、鞭策后进。

实事求是。销售岗位人员应定期按照公司流程规范向上级汇报工作进度和计划，及时、客观、准确地向公司反映客户、竞争对手及行业信息。

绩效落实。公司将及时落实销售岗位人员的实际工作绩效。

公平公正。公司在薪酬管理各环节和流程力争做到公平公正。

（3）适用范围。本制度适用公司销售部所有人员。

（4）薪酬结构。公司销售岗位人员薪酬结构如表6–9所示。

表6–9 某公司销售岗位人员薪酬结构

序号	项目
1	基本工资（包括岗位工资、工龄工资）
2	绩效工资
3	津贴
4	销售奖金

（5）薪酬计算公式。销售岗位人员薪酬计算公式为：

实际收入=总收入–扣除项目=基本工资+绩效工资+津贴+
销售奖金–个人所得税–社保个人支付部分–其他应扣款项

（6）薪酬结构说明。

第一，基本工资。公司根据本地职工平均生活水平、最低生活标准、生活费用价格指数等，为销售岗位人员设置基本工资。基本工资在员工整体薪酬中占比约50%。根据公司经营效益、市场情况、法律法规等，薪酬管理人员可对基本工资进行调整，这种调整既包括年度定期调整，也包括为应对突发状况而进行的灵活调整。

一是岗位工资。公司岗位工资根据岗位等级、岗位工作内容、岗位工作责任、岗位工作环境等确定，在销售岗位人员基本薪酬中占据较大比重。公司每半年对岗位等级进行调整，个人表现突出的销售岗位人员可提前向人事部提交岗位等级认定申请，考核通过后，于次月开始按照新岗位等级发放薪酬。

二是工龄工资。公司工龄工资根据员工在本公司内工作年限决定，自员工入职满一年起开始计算，工作满一年50元，每年增加50元，最高1000元。

第二，绩效工资。公司对销售岗位人员工作业绩进行定期考核，考核指标包括工作态度、工作技能、工作业绩等。

第三，津贴。考虑到销售岗位人员工作特性，公司为销售岗位人员提供交通补贴、通话补贴、餐饮补贴、出差补贴等。

第四，销售奖金。公司根据实际销售利润向销售岗位人员提供激励奖金。

（7）提成制度。

提成结算方式。隔月结算，货款未回收部分暂不结算。为确保销售团队稳定性，每月向销售岗位人员发放提成时，公司将暂扣新入职员工（工作不满一年）30%的提成，工作满一年后一次性发放。期间如果新员工离职，暂扣部分将不再发放。

提成考核。公司根据员工完成销售任务比例确定销售提成比例。

提成计算公式。销售提成=销售额×销售提成比例+高价销售提成。

提成比例。公司各销售岗位人员提成比例如表6–10、表6–11、表6–12所示。

表6–10　某公司销售业务员提成比例　（%）

序号	销售任务完成比例	提成比例
1	100%以上	10
2	50%~100%	7
3	50%以下	5

表6–11　某公司销售主管提成比例　（%）

序号	销售任务完成比例	提成比例
1	100%以上	5
2	50%~100%	4
3	50%以下	2

表6-12 某公司销售经理提成比例 （%）

序号	销售任务完成比例	提成比例
1	100%以上	5
2	50%~100%	4
3	50%以下	2

（8）销售招待费报销制度。为促进销售岗位人员和客户沟通交流，并与之建立信任关系，为公司赢得更多优质客户，公司特制定销售招待费报销制度。申请招待费报销时，需提供正规发票，不能提供发票的，将计入销售人员个人费用。销售业务员招待客户时，需要向销售主管申请，报送销售经理批复。

（9）低价销售。各销售岗位人员必须严格遵守公司价格规定向客户出售产品，如遇特殊情况，必须向销售经理及以上领导申请，由销售经理及以上领导确定销售价格及该订单提成比例。

（10）高价销售。为避免各销售岗位人员恶性竞争，提高公司利润率，公司将对高于市场指导价成交的订单给予奖励，奖励额为超出部分的30%。

6.3 财务岗位的薪酬管理方案

6.3.1 财务岗位的薪酬结构设计

◆财务岗位人员试用期薪酬构成

企业财务岗位人员试用期通常为3个月，试用期工资为正式财务岗位人员工资的70%~80%，试用期内无补贴、社保、公积金等，但享有加班费。

◆正式财务岗位人员薪酬构成

财务岗位人员的薪酬构成包括基本生活费、学历职称工资、工龄工资、福利性补贴、特殊奖励。

（1）基本生活费。参照××市最低生活保障标准制定，基本生活费为××元。

（2）学历职称工资。学历职称工资是根据财务岗位人员在教育机构取得的学历和通过参加相关测试取得的职称而给予的补贴，如表6-13所示。

表6-13 某公司财务会计岗位人员学历职称工资 单位：元/月

学历	高级会计师	注册会计师	会计师助理	会计师	无职称
硕士及以上	350	350	300	250	200
全日制本科	300	300	250	200	150
全日制专科或自考本科	250	250	200	150	100
自考专科或中专、同等学历及以下	200	200	150	100	50

（3）工龄工资。工龄工资根据员工工龄确定，员工工龄自入职当月起计算。工龄津贴计算公式为：工龄津贴金额=工龄×适用津贴标准。适用津贴标准参照表6-14。

表6-14 某公司财务岗位人员工龄工资适用津贴标准 单位：元/月

序号	工龄	适用津贴标准
1	5年以内（含5年）	20
2	5年以上10年以内（含10年）	50
3	10年以上	100

（4）福利性补贴。财务岗位人员的福利性补贴包括带薪休假、带薪学习、驻外补贴、工装补贴等，如表6-15所示。

表6-15 某公司财务岗位人员福利性补贴

序号	补贴项目	补贴标准
1	工装补贴	30元/月
2	带薪休假	3～4天/月，结婚当月可享受5天，生日当月多加1天
3	带薪学习	公司统一安排员工参加培训活动占用的时间一律按正常出勤计算
4	驻外补贴	（1）特区150元/天。 （2）省会城市120元/天。 （3）地级市80元/天

注：（1）当月工作不满15天者，不可享受上述补贴项目。
（2）传统节日礼品、现金福利等按照公司规定执行。

（5）特殊奖励。特殊奖励是公司为表彰表现特别突出或者对公司财务管理做出较大贡献的财务岗位人员而设置的激励奖金，如表6-16所示。

表6-16 某公司财务岗位人员特殊奖励标准

序号	奖项	奖励标准
1	创新奖	200~2000元
2	优秀建议奖	50~500元
3	伯乐奖	50~500元
4	助人为乐、见义勇为、劳动模范等其他特殊奖	100~3000元

6.3.2 财务岗位的薪酬管理要点

（1）明确财务岗位薪酬管理的目的。财务岗位的薪酬管理应该和该岗位的发展需求与趋势相结合，完善岗位价值考核体系，确保岗位薪酬的科学合理性，拓宽员工发展空间，建立福利政策和补助制度，保障员工基本权益，实现企业和员工的共同发展。

（2）明确财务岗位薪酬管理的原则。财务工作的特殊性、服务对象的特定性和职责的特别性，决定了财务岗位人员在日常工作中必须长时间保持细致严谨，而完善的薪酬管理体系能为财务岗位人员的日常工作提供有效支持，在推进财务岗位薪酬管理体系过程中，薪酬管理人员必须做好以下几点：

第一，公平性。公平是企业管理的基础和前提，薪酬管理亦是如此，因为工作性质，财务岗位人员对薪酬公平性尤为敏感，如果不能保障其薪酬公平，很容易造成人才流失。

第二，战略导向。财务岗位薪酬管理必须迎合企业发展需要，以企业战略目标为主线积极推进。

第三，经济性和非经济性薪酬相结合。企业不仅要为财务岗位人员提供足够的经济回报，更要重视改善工作环境，提高员工幸福指数等非经济性回报，使他们感受到家庭一般的温暖。

第四，福利多元化。福利并不简单地局限于节日奖金、常规补贴等，企业还可以为财务岗位人员提供生日福利、子女教育补贴等多元化福利。

（3）完善财务岗位薪酬管理结构。科学的财务岗位薪酬管理结构，可以使薪酬管理人员进行财务岗位薪酬管理时有章可循，便于薪酬管理人员和财务岗位人员进行沟通交流，减少不必要的矛盾纠纷。

财务岗位薪酬管理结构由各类章程协议、各项内部管理制度等构成，如可操作性较强的薪资体系、系统的出勤管理办法、公平公正的晋升机制等。

（4）建立相对公平的薪酬结构。薪酬结构可以看作基于岗位价值分析的价值回报体系，是企业薪酬管理体系中的重要模块，也是薪酬发挥激励性效果的一大着力点。在设计财务岗位薪酬结构过程中，薪酬管理人员必须做好以下几个方面：

第一，注重基本工资的保障性。根据马斯洛需求层次理论，只有食物、睡眠等生理需求得到满足时，我们才会出现更高级的、社会化程度更高的安全、爱与归属感、尊重、自我实现等高层次需求。所以，薪酬管理人员必须重视基本工资的保障性，切实保障财务岗位人员的基本生活，这样才能使他们有足够的时间和精力投入到工作之中。

第二，注重绩效工资的激励性。根据财务岗位人员工作业绩为其提供绩效薪酬，实现“多劳多得”，既是对其工作业绩的肯定，也可以引导激励他们更加努力地工作。

第三，利用工龄工资体现企业对资深人才的重视与尊重。财务岗位对专业知识、经验有较高的要求，特别是制造业的成本会计，虽然成本会计有一套基本核算方法，但这些方法并不能直接运用到企业成本会计工作中，很多情况下，需要财务会计人员独立思考，综合运用所学知识与积累的工作经验完成任务，这也是成本会计任务往往由资深财务会计负责的关键所在。

通过为财务岗位人员设置工龄工资，资深员工和新员工的薪酬收入体现出差距，可以在内部树立长期为企业工作的组织文化，帮助企业更好地留住优秀人才。

第四，通过风险报酬加强财务岗位人员的责任意识。会计员、审计员等财务岗位承担着控制和评价企业一切经济活动的重要职能。设置风险报酬后，可以让财务岗位人员树立风险意识、责任意识，在日常工作中投入更多的时间与精力，保质保量地完成各项工作任务。

（5）完善财务岗位绩效考核体系。绩效考核是衡量财务岗位人员工作质量与效率的有效手段，企业可以根据考核结果用金钱回报对员工进行奖励，还能从员工职业生涯规划角度出发，为其提供培训机会、晋升机会等，大幅度提高其工作积极性。同时，对财务岗位人员进行绩效考核过程中，还要落实惩治制度，对出现客户流失、客户投诉、项目成本超标、审计质量事故等问题的员工进行惩罚，帮助员工持续发展进步。

6.3.3 财务岗位的薪酬管理制度

（1）目的。为完善公司财务岗位人员的薪酬管理，打造完善的薪酬激励与约束机制，充分调动财务岗位人员的工作积极性，提升公司财务管理水平，根据相关法律法规、市场趋势、公司实际发展情况等，××公司特制定财务岗位薪酬管理制度。

（2）适用范围。公司所有财务岗位人员。

（3）确定薪酬级别。对于新入职的财务岗位人员，员工入职时，人力资源部组织其参加专业技能考试，按照考试结果确定其薪酬级别；对老员工，根据年度考核结果定期调整其薪酬级别。

（4）薪酬发放。财务岗位人员薪酬发放时间为次月15日，遇到休息日或法定节假日时，在假日前一天发放。

（5）薪酬调整。为保障财务岗位人员薪酬体系和公司经营战略相一致，并且可以适应市场环境、政策法规、企业经营状况变化，薪酬管理人员将不定期对财务岗位人员薪酬进行灵活调整。针对以下三种情况的薪酬调整尤为常见：

第一，市场中的财务岗位人员薪酬平均水平增长。薪酬管理人员通过研究市场薪酬报告或政府部门公布的薪酬数据等，可以得到市场中财务岗位人员薪酬平均水平，如果该数据发生较大波动，薪酬管理人员需要及时对企业现行薪酬水平进行调整，以避免人才流失。

第二，当地物价增长、最低工资标准线调整时。

第三，公司发展状况良好，盈利水平稳定增长时。

（6）特别工资调整。

第一，试用期工资标准，如表6-17所示。

表6–17 某公司财务岗位试用期工资标准 单位：元/月

序号	学历	试用期工资
1	中专及以下	600
2	大专	800
3	本科	1000
4	研究生	1500
5	博士及以上	2500

第二，加班和加班费。当财务岗位人员因工作需要必须加班且公司无法为其安排调休时，公司便需要向其支付加班费。加班费计算标准如表6–18所示。

表6–18 某公司加班费计算标准

序号	类型	计算标准
1	工作日加班	每小时加班费=（岗位工资 ÷ 166.6）× 1.5
2	周六、周日休息日加班	每小时加班费=（岗位工资 ÷ 166.6）× 2
3	法定节假日加班	每小时加班费=（岗位工资 ÷ 166.6）× 3

注：每日8小时工作制，每月按20.83个标准工作日166.6小时计算。

加班费计算公式为：

加班费=加班费计算标准 × 加班时长

每月统计一次加班费，各部门月底统计，并由主管领导签字确认，送交人力资源部，并随当月工资发放。

为确保工作效率和质量，财务岗位人员每月每人加班次数不得超过4次，且财务岗位人员加班时，必须严格按照标准程序执行。

第三，病事假工资发放及发放标准。

按照公司规章制度办理病事假手续者，公司将在其工资中按照实际请假天数扣除相应工资。

病事假每月统计一次，部门月底前统计完成，主管领导签字确认后，送交人事部处理。

财务岗位人员每月请假次数不得超过4天，年累计请假次数不得超过15天，违反规定的员工当月工资减半。

公假、探亲假、婚丧假假期天数不计入员工请假时长，工资按照国家有关规定发放。

第四，工资扣除项目。财务岗位人员的工资扣除项目如表6-19所示。

表6-19　某公司财务岗位人员的工资扣除项目

序号	扣除项目
1	个人所得税
2	考勤、考核扣除额
3	社会保险个人承担部分
4	公积金个人承担部分
5	其他应扣除项目

第五，待岗员工工资。非财务岗位个人原因造成公司停工、停业的，在一个月内，公司将按照其正常出勤支付工资；超过一个月的，公司将与财务岗位人员协商进行工资支付，但支付数额不低于当地最低工资标准。

第六，外派员工工资。外派财务岗位人员工资除了按照正常出勤支付工资外，还将获得外派津贴，即特区每天150元、省会城市每天120元、地级市每天80元。

第七，特别奖励。做出特殊贡献的财务岗位人员将获得公司发放的一次性奖励，奖励标准可参照表6-16。

（7）工资发放。计算区间为每月1日起至本月截止日，当月工资在下月15日前发放。工资日当天适逢休息日、法定节假日时，工资提前至休息日、法定节假日前的最后一个工作日发放。

6.4 生产岗位的薪酬管理方案

6.4.1 生产岗位的薪酬结构设计

生产岗位的薪酬结构包括固定工资、奖金、加班费、津贴、福利等，可分为经济性薪酬与非经济性薪酬两大类，如表6-20所示。

表6-20 某公司生产岗位的薪酬结构

类型	工资项目	明细
经济性薪酬	固定工资	岗位工资
	津贴	交通补贴、通信补贴、节假日补贴、保健补贴等
	奖金	绩效奖金、年终奖
	加班费	工作日、休息日、法定节假日加班费
非经济性薪酬	福利待遇	保险、体育设施
	其他	在职培训、资格培训、学历教育、晋升机会

（1）生产岗位人员薪级表如表6-21所示。

表6-21 某公司生产岗位人员薪级表 单位：元

序号	薪级	固定工资
1	13	540
2	14	570
3	15	610
4	16	650
5	17	690
6	18	740
7	19	790
8	20	840
9	21	900

续表

序号	薪级	固定工资
10	22	960
11	23	1020
12	24	1090
13	25	1160
14	26	1240
15	27	1320
16	28	1410
17	29	1500
18	30	1600
19	31	1700
20	32	1850
21	33	2000
22	34	2200
23	35	2400
24	36	2650
25	37	2950
26	38	3250
27	39	3600

（2）岗位等级与固定工资、薪级对应表如表6-22所示。

表6-22　岗位等级与固定工资、薪级对应表　　单位：元

岗位分类	岗位等级	固定工资区间	薪级
高级技师	一级	3250 ~ 3600	38 ~ 39
		2650 ~ 2950	36 ~ 37
技师	二级	2200 ~ 2400	34 ~ 35
		1850 ~ 2000	32 ~ 33
高级工	三级	1600 ~ 1700	30 ~ 31
		1410 ~ 1500	28 ~ 29

续表

岗位分类	岗位等级		固定工资区间	薪级
中级工	四级		1240 ~ 1320	26 ~ 27
			1090 ~ 1160	24 ~ 25
普工	五级	A类	960 ~ 1020	22 ~ 23
			840 ~ 900	20 ~ 21
		B类	740 ~ 790	18 ~ 19
			650 ~ 690	16 ~ 17
		C类	610	15
			570	14
			540	13

（3）绩效奖金和年终奖金表如表6–23所示。

表6–23 绩效奖金和年终奖金表

岗位分类	岗位等级		奖金系数
高级技师	一级		1.7
			1.6
技师	二级		1.5
			1.4
高级工	三级		1.4
			1.3
中级工	四级		1.2
			1.1
普工	五级	A类	1.0
			0.9
		B类	0.8
			0.7
		C类	0.6
			0.5
			0.4

6.4.2 生产岗位的薪酬管理要点

◆生产岗位的岗位特征

（1）订单导向。企业生产部门以订单为导向的运行特征使生产岗位人员的工作出现了两种现象。

一是淡旺季分明。在不同的时间，人们对产品的需求存在一定差异，而企业作为供给方其产能要随需求变化而不断调整。旺季时，需要扩大产能，增加生产岗位人员的工作量；淡季时，需要缩减产能，减少生产岗位人员的工作量。

二是工作量较高的不确定性。订单量的波动性、产品质量问题造成的返工等，使生产岗位人员工作量存在较高的不确定性。

（2）分工协作。生产岗位人员通过分工协作共同完成企业的生产目标。不同产品的工序往往存在一定差异，而位于不同工序的生产岗位人员又各自承担着差异化的工作任务，为上一道和下一道工序的日常工作提供支持，一旦某一道工序工作进度或质量出现问题，将会产生连锁效应，影响整个生产部门的日常工作。

根据生产岗位人员职责的多寡以及在制造流程中的重要程度，我们可以将其分为一般工序生产员工、关键工序生产员工及多能力生产员工。对于不同的生产员工，企业应该采取差异化的用人策略。

第一，一般工序生产员工可取代性较强，企业使用这类员工时可保持较高的弹性。

第二，关键工序生产员工责任较大，是提高产品质量、加快生产效率的重要驱动力，企业使用这类员工时应该尽可能地保持其稳定性。

第三，多能力生产员工可满足多种生产任务需要，有助于提高企业的灵活性，所以，企业需要重点培养或引进一批多能力生产员工。

（3）体力劳动、重复。生产岗位人员需要通过操作设备或手工作业开展日常工作，体力劳动占比较高，而且重复性劳动较多，所以，这类岗位的入职门槛相对较低。

◆管理要点

考虑到生产岗位的上述岗位特征，薪酬管理人员在日常工作中必须做好以下几点。

（1）设计薪酬结构时，要兼顾薪酬的保障性与激励性。生产岗位人员劳动量大，薪酬水平普遍不高，但又是企业运营中不可或缺的关键角色。薪酬管理人员需要确保其薪酬收入能够满足日常生活所需，同时，薪酬策略要有较强的激励性，引导员工努力工作，提高自我技能。

（2）对于不同层级、岗位序列的生产岗位员工，采用差异化的激励策略。例如：基层操作类员工的工作重点是确保产能，薪酬管理人员可以为其设计计件工资制；品质巡检员的工作重点是各工序的质量控制、检查记录及确认等，薪酬管理人员可以为其设计岗位工资制，并建立质量责任制，强化其质量管理；生产部门主管负责生产计划的实施、组织协调均衡，薪酬管理人员可以为其设计年薪制、超额利润分享等工资制形式，以便实现长期性激励。

（3）加强生产岗位人员薪酬设计的公平性，把握新员工和老员工、基层员工和高层员工以及不同岗级员工间的薪酬平衡。

（4）实现薪酬成本控制和薪酬水平竞争力的平衡，薪酬管理人员既要将生产岗位人员的薪酬水平控制在合理范围内，又要确保生产岗位人员薪酬水平的竞争力，以便企业可以留住优秀的生产岗位人才。

（5）使生产岗位人员薪酬收入与其劳动绩效及企业效益相挂钩。

（6）薪酬分配向关键岗位、骨干人才及高绩效生产岗位人员倾斜。

6.4.3 生产岗位的薪酬管理制度

（1）目的。为帮助企业更好地吸引、留住、激励生产岗位人才，将员工个人业绩和团队、部门、公司业绩相关联，加强薪酬激励作用，促进公司整体水平增长，××公司特制定生产岗位薪酬管理制度。

对生产岗位人员薪酬管理进行规范，实现员工劳动报酬的公平、合理分配，体现“多劳多得，优劳优酬”的原则。

（2）适用范围。本制度是××公司的薪酬管理指导性文件，适用生产部门所有人员。生产部门人员的分类分级根据生产部门的实际情况进行，但原则上，对于国家有明确职业技术资格等级鉴定的工种应划分为技术类，如电工、车工、焊工、管工、工具钳工等。

（3）工资支付。××公司实行薪酬保密制度，生产岗位人员的工资、奖金以及相关报表、调整单等都属公司机密，非工作需要任何人不得相互讨论，不得泄露。对工资有疑问者，可向直属上级提出反馈，由后者申请人事部核查，自发薪日起15日内行使查询权，逾期视为自动放弃。

第一，工资支付方式。××公司将通过委托银行将工资下发至各员工银行账户。特殊情况下按照劳动合同规定或由公司和员工协商支付工资。

第二，工资扣除项。以下各项将从员工工资中直接扣除：

工资个人所得税。

个人负担的社会保险费用和住房公积金费用。

因违反公司规定的罚款或未达成业绩目标的扣发工资。

其他应扣除费用。

（4）生产岗位等级序列及技能评定。

第一，生产岗位等级分类。根据员工技能、工作态度、绩效、创新能力等，公司将生产岗位人员由高到低分为五级，即一级（高级技师）、二级（技师）、三级（高级工）、四级（中级工）、五级（普工，根据能力、绩效、工作态度分为ABC三个层次，分别对应熟练工、半熟练工、初级工）。试用期员工不设等级，如表6–24所示。

表6–24　某公司生产岗位等级分类

<table>
<tr><th rowspan="2">等级</th><th rowspan="2">无</th><th colspan="3">五级</th><th rowspan="2">四级</th><th rowspan="2">三级</th><th rowspan="2">二级</th><th rowspan="2">一级</th></tr>
<tr><th>C</th><th>B</th><th>A</th></tr>
<tr><td>名称</td><td>试用期员工</td><td>初级工</td><td>半熟练工</td><td>熟练工</td><td>中级工</td><td>高级工</td><td>技师</td><td>高级技师</td></tr>
</table>

第二，岗位等级评定的基本要求如表6–25所示。

表6–25　某公司生产岗位人员的岗位等级评定基本要求

<table>
<tr><th>名称</th><th>等级</th><th>评定周期与时间</th><th>申报</th><th>鉴定部门或鉴定岗位</th><th>审批权</th></tr>
<tr><td>高级技师</td><td>一级</td><td rowspan="4">一年一次，时间由公司决定，建议在每年的第二季度进行</td><td rowspan="2">部门申报</td><td rowspan="2">行政人事部和评审委员会</td><td rowspan="4">公司总经理</td></tr>
<tr><td>技师</td><td>二级</td></tr>
<tr><td>高级工</td><td>三级</td><td rowspan="2">个人申请，部门申报</td><td rowspan="2">行政人事部和部门分管领导</td></tr>
<tr><td>中级工</td><td>四级</td></tr>
<tr><td>普工</td><td>五级</td><td>一年2~3次，时间由公司决定</td><td>部门主管申报</td><td>行政人事部和部门经理</td><td>公司总经理或公司分管领导</td></tr>
</table>

注：评定委员会由待评估人员所在部门经理、部门分管领导、公司的技术专家、行政人事部成员等组成，成员5~9名。

第三，岗位等级评定测试成绩要求如表6–26所示。

表6–26　生产岗位人员岗位等级评定测试成绩要求

等级	测试项目和权重分配
一级	专业技能（35%）、工作业绩（35%）、工作态度（10%）、团队协作（10%）、创新能力（10%）
二级	专业技能（35%）、工作业绩（35%）、工作态度（10%）、团队协作（10%）、创新能力（10%）

续表

等级	测试项目和权重分配
三级	专业技能（35%）、工作业绩（35%）、工作态度（10%）、团队协作（10%）、创新能力（10%）
四级	专业技能（35%）、工作业绩（35%）、工作态度（10%）、团队协作（10%）、创新能力（10%）
五级	专业技能（35%）、工作业绩（40%）、工作态度（25%）

注：凡获评奖评优者，当次评估结果在现有得分基础上加10分（百分制，最高100分）。凡单项分值低于60分者，当次评定将不予通过。

（5）员工等级评定的年审。生产岗位人员岗位等级评定完成后，每年要进行一次复审。复审由人事部组织，审查时间可灵活安排，审核内容主要有生产岗位人员的年度平均绩效、工作表现、考勤情况、部门主管评价等，其他部门人员要给予积极配合。如果没有不合格事项，则年审通过，否则人事部要出具降级报告，说明具体原因，并通知该员工及其所在部门经理。对年审结果有异议的员工，可在一周内提出复核申请。

此外，如果生产岗位员工在日常工作中出现记过及其他违规行为，该员工所在部门经理或人事部可向总经理提交申请，立即对该员工予以岗位降级处分。

（6）新员工固定工资起薪原则。薪酬管理人员根据岗位价值、人才需求程度、劳动力市场状况、当地物价指数、社会保障工资、公司支付能力、员工学历及经验等，为新入职生产岗位人员确定岗位等级和薪级，之后再确定其具体工资数额，该数额不得低于当地最低工资标准。

（7）工资调整。

第一，年度工资调整。每年第一季度末定期进行工资调整，调整参考因素主要包括当地物价水平、劳动力市场状况、企业业绩状况、最低工资标准等。薪酬管理人员要制作书面形式的薪酬调整方案，该方案需要重点给出当前工资总额、预计增减额、平均增减比例、固定工资和浮动工资比例等，提交总经理审批后实行。

第二，岗位等级变动后的薪资调整。生产岗位人员岗位等级出现变动后，薪酬管理人员要及时将调薪方案报送总经理审核，审核通过后次月生效。

第三，岗级内的薪级调整。为增强薪酬激励效果，很多公司在同一个生产岗级内设置了多个薪级。当员工工作绩效、工作态度、考勤情况等出现波动时，其薪级也随之发生变化。

第四，调整原则。某公司生产岗位人员薪酬调整原则如表6–27所示。

表6–27　某公司生产岗位人员薪酬调整原则

序号	原则
1	当员工工资位于所在岗位等级的最高薪级时，如果没有岗位等级调整或岗位变动，一般不得加薪
2	岗位变动后，根据岗位价值评估结果确定员工岗位等级及薪级
3	事假累计达一个月以上三个月以内者，当年加薪幅度不得超过该年度首月工资的70%；事假累计超过三个月者，不得加薪
4	薪级增加逐级进行，降级可跨级进行
5	业绩表现特别突出或对公司做出重大贡献者，部门主管可向人事部提交提前调薪申请，人事部考核确认后，报送总经理审批
6	员工试用期提前转正后，其薪酬立即调整

（8）员工薪资体系各部门职责分配。

人事部薪酬管理人员负责制定薪酬管理制度，并监督、指导各部门实施推进，及时向总经理提供反馈。

各部门经理负责协助薪酬管理人员完成岗位价值评估，为薪酬调整提供真实、客观的参考资料，收集员工对薪酬管理的反馈意见，并及时和薪酬管理人员沟通等。

6.5 行政岗位的薪酬管理方案

6.5.1 行政岗位的薪酬结构设计

行政岗位的薪酬结构通常包括固定工资、绩效奖金、福利、年终奖金，如表6–28所示。

表6–28 某公司行政岗位的薪酬结构

名称	简要说明	适用范围
固定工资	基于岗位评价下的职能薪酬	全体员工
绩效奖金	以季度/年度考核为导向的浮动部分	全体员工
福利	社保与公积金	全体员工
	公司其他福利项目	全体员工
年终奖金	公司完成年度目标后的效益分享	全体员工

（1）固定工资。行政岗位的固定工资主要根据员工所在的岗位薪酬等级决定。某公司行政各岗位薪酬等级如表6–29所示。

表6–29 某公司行政各岗位薪酬等级表 单位：元/月

层级	职位	1	2	3	4	5	6	7
高层	人事行政总监	11200	12000	13000	14500	16000	17500	19000
中层	文化推广及人力资源经理、培训部经理	6000	6500	7000	7500	8200	9000	10000
	综合支持部经理	4600	5300	6000	6700	7400	8200	9000
基层	招聘主管、薪酬绩效主管、培训主管、企业文化主管	3000	3300	3600	4000	4500	5000	5500
	综合支持部主管	2800	3100	3400	3800	4200	4600	5000
	综合支持部行政助理	2200	2400	2600	2800	3000	3200	3400

（2）绩效奖金。

高层的绩效奖金。按年度发放，计算公式为：绩效奖金＝月固定工

资 ×4× 年度绩效系数。入职不满一年的高层行政岗位人员，发放其绩效奖金时，按月度进行折算。

中层、基层员工的绩效奖金。按季度发放，计算公式为：绩效奖金=月固定工资 × 季度绩效系数。

试用期员工单独考核，根据考核结果确定绩效奖金系数，试用期满后与第一个月工资一起发放，绩效奖金计算公式为：绩效奖金=试用期工资标准 × 试用期绩效系数。试用期未通过或试用期未满离职者，不发放试用期奖金。

（3）福利。行政岗位人员福利主要包括五险一金、餐饮补贴、交通补贴、在职培训、晋升机会、带薪休假、公费出游等。

（4）年终奖金。

中层、基层行政岗位人员的年终奖金计算公式为：

年终奖=月平均工资 × 年度绩效系数 ×40%

高层行政岗位人员的年终绩效奖金计算公式为：

年终奖=月平均工资 × 年度绩效系数 ×60%

出现严重违规或损害公司形象者一律不发放年终奖金。

6.5.2 行政岗位的薪酬管理要点

（1）建立规范的薪酬体系和薪酬管理制度。企业薪酬体系不完善，以及日益激烈的人才之争，使企业在引进优秀行政人才时，付出了过高的成本，从而削弱了企业盈利能力。与此同时，企业缺乏系统化、规范化的薪酬管理制度，导致薪酬调整滞后于物价增长，引发了现有行政人才流失问题。

为打破这种困境，企业必须加强薪酬体系和薪酬管理制度建设，为薪酬方案制订、薪酬调整、薪酬支付等建立统一标准，做好新老员工的薪酬平衡，根据员工能力、对企业贡献的价值、所在岗位等确定其薪酬水平，切实保障薪酬分配的公平性、合理性。

（2）建立以能力和绩效为基础的薪酬体系。很多国内企业存在明显的“排资论辈”问题，那些有能力、有活力的新入职员工领着微薄的薪水，却要完成数倍于老员工的工作，导致组织缺乏新鲜血液，为企业的长期稳定发展埋下了隐患。为破解该问题，企业需要建立基于能力和绩效的薪酬体系，将员工薪酬收入和绩效考核相挂钩。这种情况下，新员工可以用绩效表现赢得老员工的支持与信任，可以在一定程度上缓解新老员工的薪酬纠纷。

与此同时，薪酬管理人员要及时做好薪酬沟通，在企业需要提拔新人或引进外部优秀人才时，向老员工说明具体缘由（可利用同行业竞争对手薪酬数据等资料增加说服力）。

（3）对薪酬管理模式进行不断优化。优秀的薪酬管理模式是经过长期的优化调整而来的，行政岗位的薪酬管理模式更是如此。由于数据缺失、考虑不全面等，薪酬管理人员为行政岗位设计的薪酬管理模式可能本身就存在很多问题，同时，劳动力市场变化、企业战略调整等也可能使企业现有薪酬管理模式变得不再适用，所以，对薪酬管理模式不断进行优化完善是很有必要的。

例如，为开辟某个海外市场，公司引进了一批掌握多门语言的行政人才，由于当时这类人才比较稀缺，为了和竞争对手抢夺人才，薪酬管理人员为这类人才设置了较高的起薪点和调薪幅度，这些新员工入职一两年后便和工作超过5年的老员工薪酬相当，通过和老员工进行沟通交流，绝大部分老员工对此表示理解。

几年后，该市场已经相对成熟，这类人才也不再是稀缺资源，薪酬管理人员对这类人才适当降薪，但通过在职培训、晋升机会等非经济性薪酬予以补偿，同时，在该市场利润分配过程中向老员工倾斜，最终赢得了新老员工的支持与信任，进一步增强了组织的凝聚力。

6.5.3　行政岗位的薪酬管理制度

（1）目的。为充分发挥薪酬的激励、约束及导向作用，完善薪酬调整等管理机制，推动公司实现战略目标，××公司遵循“公开、公平、公正”原则，将行政岗位人员的薪酬收入与预期绩效相关联，特制定行政岗位的薪酬管理制度。

（2）基本原则。××公司行政岗位人员的薪酬结构包括岗位工资、福利、绩效奖金、公司效益分享等。行政岗位人员是职能人员，这类人员具有较高的市场流动性，所以，其薪酬管理应该充分考量市场薪酬平均水平。根据不同岗位层级对公司贡献价值的差异，××公司薪酬管理人员建立了薪酬层级标准，为各岗位薪酬发放、调整等提供有效支持；拓宽薪级范围，为行政岗位人员提供广阔的薪酬发展空间，使员工薪酬增长不再单纯地依赖岗位晋升；打造基于业绩考核的薪酬调整机制，使贡献价值更高的员工获得更高的收入；将市场薪酬水平指标纳入调薪方案，使公司薪酬水平保持足够的竞争力。

（3）适用对象。本制度适用××公司行政部所有组织成员，包括人事人员、培训人员、薪酬管理人员、综合支持人员等。

（4）员工的入级规则。

新员工入级。新入职行政岗位人员有三个月的试用期，试用期工资为正式工资的70%（按50靠上取整）。通过试用期后，薪酬管理人员根据行政岗位人员绩效考核结果初步确定其薪酬等级。文员等基层行政岗位人员薪酬等级由行政部经理和薪酬管理人员协商，并将协商结果提报总经理进行审批；行政部经理及以上岗位的薪酬等级由总经理确定。

老员工入级。老员工入级需要由临时性岗位等级评估小组确定，面向基层老员工的评估小组成员包括总经理、总监、部门经理、薪酬管理人员等；面向部门经理及以上老员工的评估小组成员包括总经理、总监。考核要素主要包括工作业绩、工作态度、专业技能、工作经验、发展潜力等。

（5）考核。某公司各行政岗位人员的考核要求如表6-30所示。

表6-30　某公司行政各岗位人员绩效考核表　（%）

被考核人		考核指标及权重		考核人员	考核周期
		考核指标	权重		
高层	人事行政总监	目标、职责指标	70	总经理、副总	年度
		职业化行为指标	30		
中层	文化/人力资源部经理、综合支持部经理、培训经理	目标、职责指标	60	人事行政总监	季度
		职业化行为指标	40		
基层	招聘主管、薪酬/绩效主管、培训主管，综合支持部主管、综合支持助理	目标、职责指标	50	部门经理	季度
		职业化行为指标	50		

绩效考核的最终结果划分为5级，对应关系如表6-31所示。

表6-31　某公司绩效考核结果和薪酬等级及绩效系数关系表

考核得分（X）	$X \geqslant 9$	$8 \leqslant X < 9$	$6 \leqslant X < 8$	$4 \leqslant X < 6$	$X < 4$
等级	AA	A	B	C	D
绩效系数	1.2	1.1	1.0	0.8	0.5

确定考核计划。在考核开始前一周，人事部拟定考核计划，并通知被考核行政岗位人员，以便提高考核效率，减少人力、物力资源浪费。

监控考核过程。一方面，人事行政总监借助季度回顾、半年述职等进行过程控制；另一方面，考核人员及时对考核计划执行相关数据进行汇总、分析，找到考核中存在的问题，并制定有效改进措施，同时，在月底时要和被考核人员进行沟通交流，整理其反馈意见。

调整考核指标。当行政岗位人员在考核期内，因不可抗力因素无法达成绩效目标时，可以向人事部申请更换绩效考核计划，调整考核指标（填写考核指标调整申请表）。申请人员要将相关资料交给行政部经理，由行政部经理统一上报人事部进行核验，原则上一个考核周期内只有一次申请机会。

绩效评估。考核周期结束后的一周内，考核人员要完成对各行政岗位人员的绩效评估。各行政岗位人员考核要求如表6–32所示。

表6–32　各行政岗位人员考核要求

岗位	考核要求
人事行政总监	考核人员绩效评分为人事行政总监最终得分，根据该分值确定考核等级。考核人员完成考核后要与人事行政总监进行沟通，并确认考核结果
行政部门经理	由人事行政总监对部门经理绩效进行初步评价，总经理对评价结果进行审核确认。人事行政总监完成评价后要和部门经理沟通，并确认考核结果
基层行政人员	部门经理对基层行政人员进行初步评价，人事行政总监负责最后审核和确认

注：基层行政人员一个考核周期内事假累计超出5个工作日（公假、婚丧假除外），扣发全部绩效奖金；行政部门经理、人事行政总监一个考核周期内事假累计超出7个工作日（公假、婚丧假除外），扣发全部绩效奖金。

（6）基于年度考核的薪酬调整。行政岗位人员年度考核成绩为AA或连续两年年度考核成绩为A及以上者，薪级自动上升一级。年度考核成绩为D或者连续两年年度考核成绩为C者，薪级自动下降一级。原则上，工作不满一年者不予加薪。

（7）基于岗位变动的薪酬调整。经选拔实现职位晋升者，按照新岗位中高于其原岗位薪级1级的薪级支付薪酬；被降职者，按照新岗位中低于其原岗位薪级1级的薪级支付薪酬；平职调动薪级不变。

（8）基于市场的薪酬调整。每年年初，人事部根据市场调查数据对各行政岗位薪酬进行调整，经过公司总经理、人事行政总监、人力资源经理组成的人力资源委员会审核确认后实施。

CHAPTER 7 完善企业福利政策

7.1 企业福利项目的分类

7.1.1 法定性福利

法定性福利是企业按照政府要求为员工提供的一系列保障计划，具有强制性、保障性、互济性、差别性、防范性，能够降低员工受到严重工伤或失业时陷入贫困的风险，保障员工及其家人基本生活。除了社会保险外，典型的法定性福利还包括法定节假日、劳动保护、教育培训等，如表7–1所示。

表7–1　某公司法定性福利

福利项目	福利内容及要点
社会保险	（1）为保障员工的合法权益，××公司根据《中华人民共和国劳动法》等法律法规有关规定，为员工办理社会保险。 （2）归口办理。社会保险由××公司统一在所在地社保局开户，人事部负责归口办理。 （3）社保购买的条件。经试用期考核合格的转正员工，由人事部为其办理社会保险参保手续。引进的特殊人才可在试用期开始购买，视具体情况报人力资源总监审批后执行。 （4）社保缴费管理。社保中属于公司应承担的缴费数额从公司福利费中提取并支付，属于员工个人应承担的缴费数额，由公司从员工当月薪资中扣除并代缴。 （5）员工离职或与公司终止劳动关系，公司从员工离职的当月或次月停止社保的缴纳。员工15日前离职者，当月停止缴纳社保；员工15日后离职者，次月停止缴纳社保。 （6）员工社保卡由社保局制作完成后，由人事部发放给员工个人保管，损坏及遗失由员工个人负责。 （7）社保申办、变更、转移及相关待遇的享受按照国家社会保险相关的管理规定执行
法定节假日	依据《全国年节及纪念日放假办法》等国家有关法律法规，××公司为员工提供婚丧假、产假、工伤假、法定节日假等福利
劳动保护	依据《中华人民共和国劳动法》等国家有关法律法规，××公司为员工提供符合规定的办公环境、办公设施、办公用品、劳动防护用品等，并为从事存在职业危害的岗位人员定期进行健康检查
教育培训	公司为员工提供职业技能、专业知识等教育培训机会，帮助员工更好地学习成长

7.1.2　通用性福利

通用性福利是指被企业界普遍采用、面向所有组织成员的福利项目。实践中，常见的通用性福利项目包括活动基金、节日礼金、慰问礼金、餐饮补贴等。

（1）活动基金。活动基金是用于支持各部门日常团队建设与管理的内部资金，对增强组织凝聚力有非常积极的影响。活动基金相关规定如表7–2所示。

表7-2 某公司活动基金相关规定

规定	描述
拨付标准	按每季度每人300元标准拨付
管理方式	（1）采用基金池方式管理。 （2）季度拨付、季度使用
拨付原则	（1）当实际人数不低于编制人数时，按核定编制人数进行拨付。 （2）当实际人数低于编制人数时，按实际人数进行拨付。 （3）拨付活动基金时，由人事部编制基金拨付表，行政部、财务部审批后由财务部负责执行
使用规定	在不影响正常工作的情况下，各部门可组织员工参加各类户外活动，活动期间产生的费用可从活动基金中扣除，超出部分由部门自行承担，原则上各部门每月可使用一次活动基金
报销规定	各部门使用活动基金前，应该向人力资源总监申请，后者批准通过后才能使用。报销费用时，要提交活动基金使用审批表，否则，财务部门将不予报销
使用指导	公司鼓励组织成员参与跨部门团建活动，以增进各部门间的沟通协作，培养更多复合型人才。原则上，跨部门团建活动费用按各部门实际参与人数分摊
特殊规定	某部门出于工作原因当季度未使用活动基金时，部门主管可向人力资源总监提交特别报告，说明具体缘由，经人力资源总监审批通过后可将活动基金累计至下季度使用

（2）节日礼金。节日礼金是企业在节日期间向员工发放的特殊福利，体现了公司对员工的节日祝贺与慰问，有助于提高员工对企业的满意度和忠诚度。节日礼金发放标准和发放形式分别如表7-3、表7-4所示。

表7-3 某公司节日礼金发放标准　　单位：元

节日类别 \ 职位等级	基层正式员工	其他正式员工
劳动节、国庆节	100	200
端午节、中秋节、元旦	200	
妇女节	50（限女性员工）	
生日	50	

表7-4 某公司节日礼金发放形式

节日类别	发放形式
劳动节、国庆节、元旦	节日前15天，人事部编制各部门在岗人员节日礼金发放表，行政部审核通过后，报送总经理和财务总监审批后发放
端午节、中秋节	人事部确定具体发放方式（比如现金、礼品等）后，再按照劳动节发放形式发放
妇女节	人事部按照礼金标准统一采购礼品，或发放现金，或统一组织女性员工参加集体活动
生日	员工生日来临前，人事部为员工提供一份价值50元的礼品或现金50元

（3）慰问礼金。慰问礼金是企业用于表示对员工及其家属的关怀与鼓励的资金，常见的慰问礼金项目包括结婚礼金、慰唁金、生育礼金、住院慰问金等，体现了企业的人性化管理。慰问礼金的发放标准和发放形式分别如表7-5、表7-6所示。

表7-5 某公司慰问礼金发放标准 单位：元

慰问金类别	慰问礼金标准	备注
结婚礼金	600	仅限在岗期间领取结婚证的员工
慰唁金	500	仅限员工直系亲属（父母、岳父母、公婆、配偶、子女）死亡
生育礼金	400	符合计划生育条例规定的合法生育，且需提供子女出生证明
住院探望	400	由人事部门会同员工上级主管购买礼品或发放现金对住院员工进行探望

表7-6 某公司慰问礼金发放形式

慰问金类别	发放形式
结婚礼金	结婚礼金在员工领取结婚证6个月内，凭结婚证原件及复印件向人事部申请领取结婚礼金。若夫妻双方均系本公司员工，每人可领取一份结婚礼金
慰唁金	慰唁金在员工直系亲属死亡的3个月内，凭当地派出所提供的死亡或销户证明等证明文件的原复印件，向人事部申请领取
生育礼金	生育礼金在员工子女出生3个月内，凭合法的生育证明及子女出生证明原复印件，向人事部申请领取
住院探望	员工因病住院，人事部经理应会同部门经理人员或公司相关领导，转送现金或购买相应礼品前往医院对住院员工进行探望慰问

（4）餐饮补贴。餐饮补贴是企业为解决员工日常餐饮，提高工作效率而设置的福利项目，规模较大的企业通过自建员工食堂，并以免费就餐或远低于市场价的价格为员工提供食物；规模较小的企业则通过发放现金补助的形式为员工提供餐饮补贴。不过，有实力自建食堂的大企业毕竟是少数，绝大部分企业是中小企业，所以，此处我们以现金补助形式的餐饮补贴为例进行分析，如表7–7所示。

表7–7　某企业餐饮补贴管理规定

管理规定	描述
适用范围	餐饮补贴不设级别，所有组织成员均为同一级别
发放标准	工作日（包括加班日）为员工提供午餐补贴15元/天，加班超过3小时可再申请10元/次的加班餐补
发放条件	正常在公司上班的员工方可享受该补贴，事假、公休不享受该补贴，出差时的餐饮补贴另行计算
发放时间	随每月工资一同发放
权责分配	人事部按照考勤情况进行统计、财务部审批并分配

7.1.3　职务性福利

职务性福利是按照分配原则设置的一种津贴，也是企业为从事特定岗位的员工提供的薪酬补偿形式。常见的职务性福利包括通信补助、交通补助、内部招待费、商业保险等。

（1）通信补助。部分岗位因为工作性质，在工作期间需要和客户、合作伙伴、其他员工等进行频繁的电话沟通，为了补偿这些人员的额外通信成本支出，为其提供通信补助是很有必要的。某集团公司的通信补助标准和报销规定分别如表7–8、表7–9所示。

表7-8 某集团公司通信补助标准 单位：元/月

职位体系	职位等级	职务	费用标准
集团职能	高管	董事长、总经理	实报实销
		副总、总监、采购总监、资金部经理	400
	经理	人事经理、采购经理、信息经理、财务经理、审计经理、法务经理	200
	主管	财务主管、人事主管、采购主管	100
	职员	采购、司机	100
IT连锁	高管	运营副总、行销总监、连锁发展总监	600
	经理	行销经理、商管经理、企划经理、物管经理、连锁发展经理、设计经理	400
	主管	拓展主管、行销主管、商管主管、企划主管	200
	职员	拓展专员	100
A类门店	经理	店长	300
		店长助理、商管经理、企划经理、物管经理	200
		人事经理、财务经理	150
	主管	商管主管、企划主管	100
	职员	采购、保安队长、保洁组长、水电维修、司机、行销专员	50
B类门店	经理	店长	200
	主管	商管主管、企划主管、综合主管、物管主管	150
	职员	保安队长、保洁组长、水电维修、司机、行销专员	50

表7-9 某集团公司通信补助报销规定

报销规定	描述
报销原则	限额、凭票、据实
报销依据	以员工常用手机号为准，原则上一人一号，最高不超过两个号码。变更手机号时，员工要及时告知人事部备档
新增岗位报销	因集团公司发展需要而设置的新岗位，由人事部对其工作内容进行考察后确定报销标准，经总经理审批通过后，由财务部执行
临时报销	因项目需要或出差等特殊情况而临时性增加通信补助时，人事部根据实际情况和部门经理确认后报销
报销时间	员工每月15日前提供上月度手机通信发票，财务部审核后在工资发放日为员工报销

（2）交通补助。为减轻员工的生活压力，提高员工的生活水平，很多企业会为员工提供交通补助。某集团公司交通补助标准和报销规定如表7-10、表7-11所示。

表7-10 某集团公司交通补助标准 单位：元/月

职位体系	职位等级	职务	费用标准
集团职能	高管	董事长、总经理	实报实销
		副总、总监	1500
	经理	部门经理	800
IT连锁	高管	副总、总监	1500
	经理	部门经理	800
A类门店	经理	店长	800
		部门经理	300
B类门店	经理	店长	300
	主管	部门主管	150

表7-11 某集团公司交通补助报销规定

报销规定	描述
报销条件	（1）员工个人或家庭拥有私人汽车且主要用于员工本人通勤使用的，可到集团人事部申领并填写《交通补助报销审批表》，如实提供路程、车型、油耗等信息。 （2）未拥有汽车员工，可凭公交、地铁、出租车等发票报销交通费用
报销流程	员工提供当月加油费、停车费、打车发票等票据，经过人事部审核通过后，由财务部执行
不享受报销情况	（1）集团公司为员工在工作场所附近提供宿舍。 （2）因工作需要，员工常驻项目现场。 （3）已经享受交通补贴的有车员工，在市内因公办事产生的打车费用
报销上限	表7-10中所列标准为最高标准，实际费用超过该标准由员工自行承担，未到该标准时按照实际费用报销
报销时间	员工每月15日前提供上月度相关票据，并填写费用报销单

（3）内部招待费。内部招待费是企业为促进集团与子公司、各部门及团队之间沟通交流而设置的福利项目，主要适用董事长、总经理、部

门经理、部门主管等需要沟通协调的组织成员。某集团公司的内部招待费标准、报销规定分别如表7-12、表7-13所示。

表7-12　某集团公司的内部招待费标准　　单位：元/年

职位体系	职位等级	职务	费用标准
集团职能	高管	董事长、总经理	实报实销
		人事总监、财务总监、采购总监、资金部经理	6000
	经理	人事经理、采购经理	2000
IT连锁	高管	运营副总	6000
		行销总监、连锁发展总监	4000
	经理	企划经理、物管经理、商管经理	2000
A类门店	经理	店长	4000
B类门店	经理	店长	3000

表7-13　某集团公司的内部招待费报销规定

报销规定	描述
报销条件	填写内部招待报销单，提供被招待人员单位部门、姓名、人数、时间，以及相关票据
报销原则	（1）内部招待费采用年度费用总额包干的方式管理，符合条件的组织成员视具体情况自行决定内部招待费使用，超出部分自行支付。 （2）内部招待费报销一律由高级别职位一方买单。 （3）招待活动期间，买单人员应向其他参与者说明由自己报销，避免出现重复报销情况
注意事项	公司对重复报销内部招待费行为进行严厉惩罚，例如：A、B不在同一部门，A招待B，却出现A、B同时在各自部门申请报销情况，一旦人事部或财务部人员查出此类情况，应负责任一方将被处以所报销内部招待费5~10倍惩罚，数额较大者（超过1万元）将被降职甚至辞退

（4）商业保险。企业为员工购买商业保险，可以防范意外风险，完善员工福利保障体系，同时，使员工获得更多安全感，提升企业形象。某企业商业保险购买险种及费用标准如表7-14所示。

表7–14 某企业商业保险购买险种及费用标准 单位：元/年

人员类别	商业保险种类	费用标准
经常出差人员	意外交通险	100 ~ 200
未参加社保人员	意外伤害险	100 ~ 200

注：（1）分年度购买商业保险，保险期满后公司视具体情况决定是否更换商业保险。
（2）人事部有监督商业保险服务的责任，有义务确保员工享受应有权益。

7.2 福利政策管理方案

7.2.1 设计福利政策的基本原则

福利是指企业为满足员工多层次、多方面需要而提供的间接报酬，带薪休假、节日礼物、健康保险等都属于福利。作为企业整体薪酬中的重要组成部分，福利具有提高员工满意度、支持企业人才团队建设、培育和营造优良的激励环境等多方面的作用。和工资等薪酬一样，员工为企业贡献相对价值越高，得到的福利也就越高。那么，在设计企业福利政策过程中，薪酬管理人员应该遵循哪些基本原则呢？

（1）社会效益和企业利益相结合。一方面，企业福利政策要能帮助企业树立良好的企业形象，推动企业口碑与品牌建设；另一方面，企业福利政策要充分考量企业的支付能力，为提高福利待遇而使企业承担过高薪酬成本的做法是相当不明智的。

（2）遵守国家法律法规和保持福利外部竞争力相结合。经过多年的发展与完善，目前国内外企业的福利项目已经发展得非常多元化，可以涵盖员工出行、餐饮、文娱、医疗健康等多个方面。但薪酬管理人员想要设计出真正适合企业自身的福利项目并非一件简单的事情。实践中，薪酬管理人员必须严格遵守国家相关法律法规，合理合法地为员工提供福利，同时，对竞争对手的福利项目进行分析，确保企业福利项目对员工有较强的吸引力。

（3）将个体福利政策和企业福利体系建设相结合。同一家企业的不同子公司、部门等对福利的需求存在一定差异，如果不能针对性地提供福利，即便企业投入了较高的成本，也很难产生实质性效果。所以，薪酬管理人员在设计福利政策时，应该注重福利项目的特色性，满足个体的多元化需求。同时，将个人福利政策纳入企业整体福利体系建设中，使福利项目相互补充，对员工产生更为强烈的激励效果。

（4）实施点与覆盖面相结合。从企业发展角度上，薪酬管理人员设计福利政策时，需要向关键人才和关键部门倾斜，以体现出企业对他们的重视。但尺度的把握非常关键，过度向关键人才和关键部门倾斜会造成一系列负面影响，最为典型的便是普通员工和支持性部门认为分配不公，而在日常工作中消极懈怠，甚至对关键人才和关键部门产生敌对情绪，长此以往，将导致企业经营业绩严重下滑。因此，薪酬管理人员在突出重点的同时，更要做好统筹兼顾，力争让所有员工获得更多的满足感、幸福感。

（5）福利政策的透明与规范操作相结合。薪酬管理人员应该使所有组织成员了解企业福利政策，对员工提出的问题进行耐心、细致、专业的解答，并搜集员工反馈意见，对福利政策进行优化完善。同时，每一项企业福利政策都应该有相关规章制度提供支持，并设计完善的管理实施细则，避免执行过程中出现争议，进一步提高薪酬分配的公平性、合理性。

（6）将短期利益和长期利益相结合。从企业发展的视角上，企业福利政策既要在企业的可承受范围以内，又应该符合企业的战略规划。从员工视角上看，企业薪酬福利政策既要满足员工的现有需求，又应该具备足够的弹性，能够迎合员工的长期需求。

7.2.2 明确福利管理的权责归属

从业务性质上，福利管理可以分为两大方面，一方面是福利政策和福利体系建设，主要由人事部负责；另一方面是福利业务的具体经办和联系，主要由行政部负责。此外，福利管理必然会涉及资金管理，所以，财务部也需要参与到福利管理之中。具体而言，企业各部门福利管理权责如表7–15所示。

表7–15 企业各部门福利管理权责

部门	管理权责	具体内容
人事部	主要负责福利政策制定与体系完善	（1）负责公司福利政策的规划、制定与完善。 （2）根据政策审核员工福利享受的级别及条件，并报公司领导审批。 （3）签订、保存员工福利协议。 （4）联络行政管理部门办理具体事项。 （5）审核福利资金的使用、费用定额，做好年度福利资金的预算、年度福利资金的使用情况报告与福利效益评估
行政部	主要负责福利业务的联系、经办与管理	（1）根据公司相关政策及公司领导的审批文件，按照享受级别办理福利相关手续。 （2）负责理清、核查、归档管理公司现有福利项目的相关合同及关系。 （3）负责制定并完善与福利相关的管理实施细则（如办理程序及方法等）。 （4）执行经过公司领导审批或认可的福利项目
财务部	主要负责福利资金管理	（1）建立独立的福利资金使用的财务科目。 （2）根据福利制度和相关财务管理制度审核资金的使用情况。 （3）及时支付，定期结算福利资金的使用情况

7.2.3 企业福利状况调查与分析

通过开展企业福利状况调查与分析，薪酬管理人员可以了解企业现行福利状况，洞察组织成员福利需求，从而设计出更为完善的福利政策管理方案。

通常情况下，企业福利状况调查与分析由福利委员会组织实施。福利委员会成员包括人力资源经理、薪酬专员、工会代表、员工代表。人力资源经理担任会长，每年定期编制企业福利状况调查方案，经总经理审批通过后实施。企业福利状况调查方案内容包括调查目的、调查范围、调查对象、调查内容、调查方式等。调查过程中经常需要使用员工福利制度调查问卷表，下面提供了一种适用范围较为广泛的员工福利制度调查问卷范本，如表7–16所示。

表7–16　员工福利制度调查问卷表

填表说明：

员工福利制度直接影响到员工的生活质量和对公司的满意度，是增强公司员工归属感的重要措施。为了体现以人为本原则，综合考虑公司长期发展战略和员工合理需求，科学制定正规公司的员工福利制度，福利管理中心特向公司每一位员工发放福利制度意见调查问卷表，收集大家的宝贵意见，作为公司制定福利制度的参考。

本表采取匿名填写方式，请各位员工畅所欲言，如实填写

1. 你在公司的工作年限（　　）

A. 1年以下　　B. 1～3年　　C. 3～5年　　D. 5年以上

2. 你所在的部门（　　）

A. 销售业务中心　　B. 业务研发执行中心　　C. 行政服务中心

D. 生产中心　　E. 质量控制中心

3. 你的职位所处级别（　　）

A. 一线基层员工　　B. 中层管理人员　　C. 高层管理人员

4. 你在多大程度上了解公司现在的福利项目（　　）

A. 非常了解各项具体规定　　B. 比较了解

C. 稍微了解，有些具体规定不清楚

5. 你对公司目前的福利制度满意吗（　　）

A. 满意　　B. 还可以　　C. 不满意

你认为公司目前的福利制度在保留和激励员工上的效果是否明显？（　　）

A. 明显　　B. 一般　　C. 不明显

6. 你认为公司目前在哪方面的福利做得还不够？（　　）

A. 现金、实物补贴标准不高，种类较少　　B. 各种休假时间不长

C. 学习培训机会不多　　D. 文体活动形式单一，次数不多

7. 以下问题主要针对你对公司福利制度涉及的建议

续表

8. 公司设计员工福利制度时，更多考虑的是？（可多选）（　　） A. 公司要承担的成本　B. 更好地激励员工　C. 符合法律要求 D. 参考行业水平　E. 其他因素
9. 你认为以下福利对员工激励的作用从大到小排序为（　　） A. 金钱、实物补贴　B. 带薪休假　C. 学习培训 D. 旅游娱乐　E. 健康安全福利 F. 员工关怀类（节日礼品、生日礼物等） G. 延期类（如企业年金、期权激励等）
10. 结合你对同行业的福利制度的了解，你认为本公司重大节日（春节、端午、中秋等）的过节费发多少比较合适？（　　） A. 10～30元　B. 40～60元　C. 70～100元　D. 100～200元
11. 你认为有必要对员工发放过节费用实行区别对待吗？（　　） A. 应该有所区别，这样可以充分发挥激励作用 B. 不应该，过节费应一视同仁，不应加入其他因素考量
12. 如认为应该区别对待，哪些因素是你认为应该考虑的因素？（可多选）（　　） A. 工作年限　B. 职位级别　C. 工作岗位　D. 绩效考核等级 E. 其他
13. 公司金钱福利主要为过节费，除此外选出你认为最必需的3项补贴（　　） A. 交通补贴　B. 通信补贴　C. 膳食补贴　D. 服装补贴 E. 补充住房补贴　F. 补充养老补贴　G. 补充医疗补贴　H. 加班费、出差补助
14. 选出你认为最想要的3项服务性福利（　　） A. 免费单身宿舍　B. 文体设施 C. 咨询服务（心理、法律类咨询）D. 保护性服务（平等就业权、隐私权等）及其他服务性福利
15. 选出你认为最需要的3项机会性福利（　　） A. 企业人员在职脱产培训　B. 公费进修　C. 带薪休假 D. 文化活动　E. 企业内部提升政策
非常感谢您配合完成这份调查问卷 ××××年××月××日 ××福利委员会

对企业福利状况调查所获数据进行整理、分析后，福利委员会及时编制福利调查报告，报告中要重点提供调查资料概述、企业现有福利项目及水平、外部福利发展趋势、企业福利方案改进建议等内容，报告由总经理审批通过后存档，作为完善福利政策管理方案的重要参考。

7.2.4 加强福利项目的规范管理

（1）福利项目创新管理。企业各子公司、工厂、部门必须严格遵循企业总体要求，实行统一福利政策，有序、公平、公正、规范地推进福利项目落地，因业务发展需要，子公司、工厂、部门需要对福利项目进行创新时，应按照表7–17所示步骤办理申请。

表7–17 某企业福利项目创新办理申请步骤

步骤	操作办法
1	子公司、工厂、部门相关人事部对拟建新福利进行可行性论证
2	人事部编制福利项目申请实施报告，经本单位主要负责人签字确认后，提交企业人事部
3	企业人事部对报告进行审核，并签具书面意见后报送董事长
4	董事长审批通过后申请单位方可实施

（2）福利项目的资金管理。

资金来源。企业福利项目的资金来源如表7–18所示。

表7–18 企业福利项目资金主要来源

序号	来源
1	薪酬总额的福利提取部分
2	企业特设福利基金，福利基金通常从企业税后利润中提取，很多企业不会为福利基金设立实际基金账户，而是在需要使用时，从税后利润中提取，将其列支在“福利基金”财务科目中
3	企业成本中列支的其他资金

福利项目资金的使用管理。福利项目资金由财务部统一归口管理，财务人员应定期对福利项目投入与效益情况进行评估与分析。为便于对福利资金的使用去向、费用情况进行查询、审计等，财务人员应该为其设置独立的财务科目，并定期核算。

福利项目的成本核算。人事部应协助财务部完成该项工作，工作内容如表7–19所示。

表7–19　福利项目成本核算主要工作内容

序号	工作内容
1	结合公司财务数据，评估企业可承担的福利成本
2	将公司现行福利项目和标准与竞争对手进行对比，了解企业福利项目的竞争力
3	基于本期福利项目成本核算完成下期福利项目预算
4	对福利项目成本核算进行细化，计算出各部门、团队甚至每个组织成员的福利项目成本
5	研究降低福利成本的有效方案
6	制订福利项目成本计划

7.3　弹性福利计划的设计与实施

7.3.1　弹性福利计划的设计原则

弹性福利计划起源于20世纪70年代的美国，经过近半个世纪的发展，已经成为西方国家企业通行的福利操作方式。弹性福利计划被定义为“企业在核定的人均年度福利预算范围内，提供可选的多种福利项目，给员工自主选择权，由员工根据本人及其家庭成员的需要自主选择福利产品或产品组合的一种福利管理模式”。近年来，大量国内企业开始实施弹性福利计划，意欲提高员工满意度，为自身储备更多的优秀人才。

弹性福利计划通常以积分形式体现企业对各组织成员的福利投入，员工可从福利菜单中结合自身实际需求选择福利项目，所以，弹性福利也被称为菜单式福利。在弹性福利计划设计阶段，薪酬管理人员应该遵循以下原则。

（1）组织战略导向。企业传统的福利项目更多的是面向所有组织成员的标准化普惠项目，更侧重于保健功能，可以在一定程度上缓和劳资矛盾，但无法对员工产生实质性激励作用。而弹性福利具有更强的灵活性、针对性，能够对员工进行引导、激励。在这种情况下，为了更好地使员工朝着企业发展需要的方向前进，薪酬管理人员在设计弹性福利计划时必须与组织战略目标相结合。

（2）严格控制成本。从现代企业发展的趋势来看，福利成本在企业整体薪酬成本中占据的比重逐步增长，为了提高企业对人才的吸引力，薪酬管理人员会尽可能地满足员工的多元化福利需求，但这也导致了企业整体薪酬成本不断攀升，从而影响了企业的新品研发、高端设备引进等。为解决该问题，企业薪酬管理人员应该严格控制福利成本，在企业可承受范围内为员工提供福利。

（3）系统性设计。设计弹性福利计划不仅要思考福利项目和员工需求的匹配度，更要重视福利项目之间以及福利项目和企业其他薪酬项目间的匹配度，减少资源浪费和不合理的成本支出，为提高企业福利管理水平奠定良好基础。

（4）动态调整。弹性福利计划并不是固化的，而是应该随企业发展、市场环境及员工需求变化而做出调整。薪酬管理人员应该对弹性福利计划的实施效果进行追踪、监测，发现问题及时纠正，打造短期、中期、长期相结合的福利体系，建立动态调整机制，以充分满足员工的福利需求。

（5）符合法律法规要求。薪酬管理人员设计弹性福利计划时，必须在符合国家法律规定的前提下设计福利项目、福利资金提取办法等，严格按照国家税法规定进行税前列支，将非税前列支项目纳入员工个人收入中。

7.3.2 弹性福利计划的设计步骤

在设计弹性福利计划时，薪酬管理人员应该遵循以下步骤：

（1）开展福利沟通，了解员工福利需求。薪酬管理人员可利用访谈法、问卷调查法等方式，让员工提供反馈，收集完数据后对信息进行整合、筛选，分层次、分类别地罗列出员工的福利需求。该项工作较为烦琐，需要付出较高的时间成本，实践中，薪酬管理人员必须重视以下几点：

第一，对员工需要的福利项目进行量化。

第二，向员工告知企业可承受的福利成本，避免员工产生过高的期望。

第三，充分考虑员工的个性需求，比如在调查问卷中设置希望企业未来在福利政策方面做出怎样的努力等类似的开放性问题。

第四，要求员工详细描述福利需求，确保福利项目的有效性。

（2）确定员工对福利项目的购买力。弹性福利计划是通过岗位价值评估、绩效考核等为员工确定虚拟信用得分，该得分是一种企业内部的虚拟货币，仅限员工本人使用，只能在企业范围内流通，只能购买企业提供的福利项目。确定员工虚拟信用得分时，薪酬管理人员主要考虑员工的学历、工龄、技能、工作态度、工作业绩、岗位职责等因素。

（3）为福利项目定价。福利项目定价要参照现实物品的市场价格，然后将其折算为一定的信用点数供员工购买。定价必然需要使用基准货币单位，也就是1点虚拟点数等于多少元人民币。考虑到人们的生活习惯，薪酬管理人员可以规定1点虚拟点数等于1元人民币。某些实物福利的定价较为简单，可以直接用人民币衡量，但培训教育、带薪假期等非实物福利量化较为困难，需要人事部设置一定的标准将其折算为现值。

（4）员工选购和预约登记。完成上述三个步骤后，员工手中有了可以购买福利的虚拟信用点数，企业的福利项目也完成了定价，双方交易便已具备落地基础。薪酬管理人员可以首先向所有组织成员公布福利项目的种类、价格，并对他们提问的问题进行耐心解答。员工完成选购后，薪酬管理人员便可按照员工选购的福利项目为其提供福利。

在员工选购福利项目时，如果企业无法立即为员工提供某些福利项目，此时，员工可以先预约登记，企业经过一段时间完成必要的准备工作后，便可满足员工需求。在该步骤中，员工虚拟信用点数不足，以及员工计划储存虚拟信用点数的情况非常普遍，如何处理这两种情况呢？

对于员工虚拟信用点数不足，薪酬管理人员可以尝试采用分期付款方式为员工提供福利。由于员工分期付款行为难免会占用企业一定资源，薪酬管理人员在实施过程中，应该事前做好成本核算，避免影响企业的正常运营。当然，员工分期付款行为也有明显优势，最为典型的便是能促使员工长期为企业工作：为了支付高福利项目需要的虚拟信用点数，员工需要积累多年的时间，从而减少企业人才外流。

对于员工计划储存虚拟信用点数，薪酬管理人员可以参照现实银行储蓄利率或者和员工协商确定利息，以回报员工未消费福利项目而为企业节省成本的行为。

7.3.3 弹性福利计划实施关键点

从传统福利计划转变为弹性福利计划并非一件简单的事情，在推进弹性福利计划落地过程中，薪酬管理人员必须把控好以下几个关键点：

（1）设计真正符合员工需要的福利项目。弹性福利计划给了员工自主选择权，为了体现这种权利的价值，薪酬管理人员应该为员工提供丰富的选择目标物——个性化的福利项目。但了解员工的福利需求并将其转化为福利项目的过程是非常困难的，一方面，随着人们生活水平的提高，员工的福利需求越发多元化、复杂化；另一方面，员工缺乏相关专业知识和经验，可能无法精准描述其需求甚至描述的内容和其实际需求有很大的差距，比如福特公司的创始人亨利·福特了解客户需求时，客户的答案几乎都是“一匹更快的马”。

所以，薪酬管理人员尤其需要在福利调查和沟通环节投入必要的时间和精力，利用知识讲座、制作企业福利指南等形式加强员工对福利的认识，从而帮助员工更好地描述自身的福利需求。同时，在设置福利项目过程中，薪酬管理人员要充分借鉴海内外优秀企业的实践经验，从而降低试错成本，提高工作效率。

（2）控制弹性福利计划的实施成本。利益最大化是企业追求的一项长期目标，弹性福利计划是企业薪酬体系的重要组成部分，其成本控制对企业薪酬成本控制乃至总成本控制具有较大影响，所以，控制弹性福利计划的成本也是非常重要的。

这要求薪酬管理人员做好福利成本核算和年度预算，将员工业绩、部门业绩以及企业整体经营业绩等动态指标纳入弹性福利计划之中，避免福利成本超出企业的承受能力。需要指出的是，部分福利项目成本预算较为困难，不利于弹性福利计划的成本控制，为解决这种问题，薪酬管理人员可以尝试将此类项目在组织内部进行小范围试点，在实践中获得相关成本数据，从而为弹性福利计划的成本控制提供有效支持。

（3）强化弹性福利计划的激励性。如何发挥弹性福利计划的激励性，是薪酬管理人员面临的一项重要问题。解决该问题的关键点在于使员工享受的福利与其绩效考核结果相关联，实现多劳多得、优绩优酬。当然，企业需要建立完善的绩效考核体系，并严格贯彻执行。工作表现优秀的员工将具备更高的福利预算额度，从而激励员工力争上游，不断提升自身的工作业绩。

如果员工工作表现与其福利预算额度无关，业绩较差的员工和业绩较好的员工享受同样标准的福利，甚至前者的福利标准超过后者，这将导致员工养成安于现状、不劳而获的坏习惯，平均主义和“大锅饭”现象在组织内部大行其道。

不过，在强调弹性福利计划的激励性的同时，也不能忽略其公共性和普惠性。传统的福利计划已经存在了几十年的时间，使福利与员工对企业的安全感、归属感建立了密切关联，员工普遍认为福利具有保健职能，所有人都有机会享受，否则企业薪酬分配便是不公平的。因此，薪酬管理人员在实施弹性福利计划过程中，应该慎重地把握改革的力度，确保改革措施在员工的可承受范围内，在保障企业和员工队伍稳定性的前提下，通过渐进式改革逐步完成从传统福利计划到弹性福利计划的转变。

7.4 面向不同人才的福利管理

7.4.1 基层员工的福利管理

不同员工为企业创造的价值存在一定差异，根据按劳分配原则，不同员工应该享受不同的福利。从员工能力角度上，我们可以将企业组织成员划分为基层员工、中层人才和高层人才，下面对各类人员的福利管理进行逐一分析。

基层员工享受的福利主要是基础性福利，包括员工基本生活设施及条件、文娱设施、法定性和通用性福利项目等。基础性福利门槛较低，是一种普惠性福利，所有组织成员都能享受。具体而言，基层员工可享受的福利项目主要包括以下几种：

（1）社会保险。社会保险由养老保险、失业保险、工伤保险、生育保险、医疗保险构成，部分险种费用需要员工和企业共同承担，部分险种则完全由企业承担。由于经济发展水平的差异，各地政府规定的社保缴费比例也有所不同。以北京市为例，2019年7月北京市社保缴费比例如表7-20所示。

表7-20　2019年7月北京市社保缴费比例

险种	单位	个人
养老保险	16%	8%
失业保险	0.8%	0.2%
医疗保险	10%	2%+3元大病统筹
生育保险	0.8%	—
工伤保险	0.5%、1%、2%（根据所在行业确定档级）	—

每年3—7月，各地政府会根据上一年度省社会职工平均工资重新设定社保缴费基数，由于社会职工平均工资每年都会发生变化，社保缴费基数始终处于动态变化之中。仍以北京市为例，2018年和2019年北京市社保缴费基数对比如表7-21所示。

表7-21　2018年和2019年北京市社保缴费基数对比

险种	缴费比例/%（个人和单位合计）	2018年基数/元	2018年费用/元	2019年基数/元	2019年费用/元
养老保险	24	3387	812.88	3613	867.12
失业保险	1	3387	33.87	3613	36.13
医疗保险	12	5080	609.6	4713	565.56
工伤保险	0.4	5080	20.32	4713	18.85
生育保险	0.8	5080	40.64	4713	37.70
大病保险	3		3		3
社保费用合计			1520.31		1528.36

（2）商业保险。在企业为基层员工购买的商业保险中，最为常见的便是人身意外伤害保险。这不仅能转移企业风险，还可以使遭受人身意

外伤害的基层员工得到更多的经济补偿。在团体意外伤害保险中，保险金额最低为1000元，最高为50万元；在个人意外伤害保险中，保险金额最低为1000元，最高为100万元。

被保险人从事工作的危险程度和保险性质是影响意外伤害保险费率高低的主要因素。以寿险公司的人身意外险为例，寿险公司人身意外险通常分为四档，各档保险费率如表7-22所示。

表7-22　寿险公司人身意外险保险费率　（%）

档级	分档依据	保险费率（年费率）
第一档	非生产部门的脑力劳动者	0.2
第二档	轻工业工人和手工业劳动者	0.3
第三档	重工业工人和重体力劳动者	7
第四档	职业危险比较特殊的劳动者	10

（3）带薪假。基层员工可以享受的带薪假主要包括法定节假日、婚丧假、产假、工伤假、探亲假等。

（4）劳动保护。为保护员工人身安全，企业需要按照法律规定为从事危险作业的员工提供劳动保护，并定期为员工发放所需劳保用品。工作危险程度较高的加工制造企业会建立一套完善的员工劳保用品发放标准和管理办法。以某设备制造商为例，其员工劳保用品发放标准和管理办法如下。

发放范围：本公司一线工作人员、聘用的临时工作人员。

发放标准如表7-23所示。

表7-23　某设备制造商员工劳保用品发放标准

劳保用品	配发对象	配发标准	备注
工作服	全体员工	新进员工发放1套；在职员工每人每两年1套	离职时应交回库房

续表

<table>
<tr><th>劳保用品</th><th>配发对象</th><th>配发标准</th><th>备注</th></tr>
<tr><td>白大褂</td><td>车间、质量管理部</td><td>车间按实际一次性配发一定数量作为外来参观人员使用，如有损坏可重新申请配发。
质量部一次性配发一定数量作为外来参观人员使用，根据工种每人每年1件</td><td></td></tr>
<tr><td>劳保鞋</td><td>车间、质量管理部</td><td>每人每年2双</td><td>无损坏可继续使用</td></tr>
<tr><td>防弧光面罩</td><td>设备动力车间（焊工）</td><td>配发1个，若零配件不能使用时，可重新申请配发或更换</td><td rowspan="3">离职时应交回库房</td></tr>
<tr><td>防毒面具</td><td>生产车间</td><td>根据实际需求配发</td></tr>
<tr><td>防弧光手套</td><td>设备动力车间（焊工）</td><td>焊工每6个月发1双，其他临时焊接人员可临时申请领用</td></tr>
<tr><td>布手套</td><td>生产车间、设备动力车间</td><td>根据工种需要每月配发1双</td><td rowspan="3">使用过程中有损坏可重新申请配发，无损坏可继续使用</td></tr>
<tr><td>线手套</td><td>生产车间、设备动力车间</td><td>根据工种需要每6个月配发1双</td></tr>
<tr><td>塑胶手套</td><td>生产车间、设备动力车间、质量管理部</td><td>根据工种需要每6个月配发1双</td></tr>
<tr><td>肥皂</td><td>各部门</td><td>4—10月，每2个月1块；11月至次年3月，每3个月1块</td><td></td></tr>
<tr><td>洗衣粉</td><td>质量管理部</td><td>每2个月1袋（1kg）</td><td></td></tr>
<tr><td>洗洁精</td><td>食堂</td><td>每月1桶（1.5kg）</td><td></td></tr>
</table>

发放办法：

A. 年初由综合部根据发放标准制订全年劳保用品采购计划，填写《劳保用品采购单》，经分管领导批准后采购发放，每个月检查核对一次发放情况。

B. 员工因事假、病假、产假、脱产学习等离岗的，停发各类劳保用品，待恢复工作，经培训考核上岗后，即可享受相应的待遇。

C. 劳保用品由各部门统一领取，部门应将发放情况登记造册，并由本人签名确认。

D. 超出规定标准的劳保用品，由部门提出申请，公司分管领导批准后发放。

E. 行政部应备有工作服、劳保鞋等劳保防护用品，备外来指导、参观、学习、检查人员临时配用。公司劳保用品应保持整洁，由专人保管。

使用规定：

A. 员工进入工作场所，必须按规定佩戴相应的劳保防护用品，用前必须认真检查其安全性能，确认安全后方能使用。

B. 经批准需进入作业场所的其他人员必须佩戴相应的劳保用品。

其他管理：

A. 行政部负责监督各部门劳保用品的发放范围和使用情况，严禁乱领、乱发，一旦出现将追究责任。

B. 员工应按照劳保用品的使用规则和防护要求正确使用，凡有不按规定佩戴、违章作业，发生伤害事故责任自负。

C. 工会应监督检查劳保措施的执行情况，不定期征求员工代表的意见，及时对劳保用品管理中存在的问题进行反馈。

此外，针对孕期和哺乳期的女员工群体，企业还会提供特殊劳动保护，比如：不安排怀孕7个月以上的女员工加班或上夜班；怀孕期间不能适应原岗位工作的女员工，可凭医疗机构开具的证明申请减轻劳动量或临时调整岗位；哺乳期女员工可向总经理申请每天1个小时的哺乳假。

（5）带薪假期往返车票报销。目前，很多企业为享受带薪假期的基层员工报销往返车票，以减轻其出行成本。不过，通常在公司内工作满一年的正式员工才能享受该福利，同时，为避免浪费，使员工养成勤俭节约的良好习惯，企业报销的车票类型通常是汽车票、火车硬座与硬卧票、飞机经济舱等。

（6）各类补贴。企业为基层员工提供的补贴包括餐饮补贴、交通补贴、通话补贴、高温作业补贴、噪声作业补贴等。

（7）节日慰问品。传统节日是传承优秀历史文化的重要载体，在几千年的发展过程中，我国逐渐形成了一系列丰富多彩的节俗活动。在春节、端午、中秋等节日来临时，为员工发放节日慰问品，以表达对员工的关怀和祝福，在国内企业界非常普遍。常见的节日慰问品包括粽子、月饼、米、面、油、肉、蛋、奶、水果、干果、洗护用品等。

（8）员工活动。为丰富员工业余生活，很多企业每年定期举办各类员工活动，比如部门联谊活动、节日晚会、趣味运动周等。

除了企业举办的员工活动外，各部门还可按照公司规定举办部门内部活动，经批准通过后活动费用可通过活动经费报销。

（9）员工培训。为增强员工的专业技能和综合素质，企业需要组织员工参与各类线上线下培训活动，同时，新入职或者岗位发生变动的员工，也需要经过一定培训才能适应新岗位。

7.4.2 中级人才的福利管理

中级人才绩效表现突出，对企业贡献价值较高，为稳定团队、激励他们为企业创造更多的价值，企业可以为其提供商业保险、专业深造、组织公费旅游等福利项目。

哪些员工属于中级人才呢？不同企业可能有不同的考核标准，例如：有的企业要求员工连续6个月绩效考核优秀；有的企业则要求员工在产品研发、市场拓展、门店运营等方面有创新成果。薪酬管理人员可结合企业战略目标与人才需求确定中级人才的考核标准。

为加强福利的规范管理，企业在为符合条件的中级人才提供福利时，应该遵循一定的流程，如表7-24所示。

表7–24　企业中级人才福利申报流程

步骤	操作办法
1	员工向所在部门提出书面申请报告，部门经理签署意见，并将申请报告、绩效考核结果等资料报送人事部
2	人事部对提交的相关资料进行审核，并给予书面答复
3	人事部转报总经理进行审批
4	总经理审批通过后，总经办下达正式通知
5	人事部对福利落实情况进行追踪，并将相关资料及时归档

除了企业的基础性福利外，中级人才可享受的福利项目还包括以下几项：

（1）个人健康计划。企业委托专业的第三方医疗机构为中级人才建立个人健康档案，定期组织其参加体检活动。第三方医疗机构对中级人才健康状况进行持续跟踪记录，并为其提供专业的保健建议。

（2）自助培训资金。中级人才可根据自身需要和兴趣爱好参加线上、线下培训课程，培训时间及培训方式由员工自行决定，但不能影响正常工作。每人每年可申请1500元额度。

（3）公费旅游。中级人才可参加企业组织的公费旅游活动或向人事部申请自助公费旅游。自助旅游每人每年可申请2000元额度，旅游时间不能影响正常工作。

（4）年假。中级人才每人每年可申请10天年假，年假期间按照正常出勤计算薪酬，为避免长期休假影响正常工作，中级人才享受年假时，每次假期应该控制在5天以内。

（5）无息贷款。因购买汽车、房产等大额消费，或员工本人及其家人遭遇突发疾病时，中级人才可向公司申请无息贷款，贷款金额为5000~100000元，具体偿还期限和偿还方式根据实际情况确定。

（6）专业深造。中级人才可向企业申请高等院校函授、派外培训、远程教育等专业深造，每3年可申请一次，每次额度10000元。中级人才完成专业深造后，非特殊情况，2年内不得主动离职。

7.4.3 高级人才的福利管理

高级人才处于企业关键性岗位，对企业发展具有重大影响，主要包括技术骨干、中高层管理者等。留住这些人才是企业生存发展的关键所在，所以，针对这类人才的福利也较为优厚。自高级人才被任命起便可开始享受高层次福利，因出现重大决策失误、贪污渎职等被降职、免职者，应立即停止享受高层次福利。

面向高级人才的高层次福利项目包括住房、工作用车、休养、个人医疗服务、家庭护理、个人持股等。

（1）住房。根据高级人才所处的岗位，可以享受50～100平方米的住房，超出部分由员工自行支付。员工可选择居住在公司统一安排的员工宿舍，也可以自行选择居住位置，规定面积内的房租由公司承担，超出部分由员工承担。

购置房产者可享受一次性购房补贴，补贴额度为5万～20万元。当企业出资比例超过50%时，产权暂属公司所有，购房合同由公司保管。员工和企业签订协议，一段时间（通常为3～5年）后转移产权。

（2）工作用车。企业为方便高级人才通勤，可根据其所处的岗位为其安排不同档次的工作用车。对于自有车辆的高级人才，公司可为其报销燃油费、维修费、路桥费等。

（3）休养。为保障高级人才身体健康，使其长期引领公司稳步发展，企业可为其提供休养福利。符合条件的高级人才可向人事部提交休养申请，人事部报送总经理审批通过后，高级人才可前往企业安排的疗养机构休养。休养期通常为7～15天，特殊情况可延长至30天。

（4）个人医疗服务。年龄50周岁以上且存在医疗需求的高级人才可向企业申请个人医疗福利。经总经理审批通过后，将由专业医疗人员为高级人才提供完善的个人医疗服务。

（5）家庭护理。年龄在55周岁以上且存在家庭护理需求的高级人才可向企业申请家庭护理福利。经总经理审批通过后，企业将为高级人才聘请一位家庭保姆，保姆工资完全由企业支付。

（6）个人持股。为激发高级人才的主人翁精神，使其切实保障股东利益，企业可为高级人才提供一定数额的股份。享受个人持股福利的高级人才可在年终参与分红。该股份通常有一定的锁定期，同时，为避免企业股权过度分散，企业通常会与高级人才约定优先购买权。

7.5 福利成本控制

7.5.1 福利成本管理的主要职能

（1）财务部福利成本管理的主要职能。财务部需要控制福利开支，确保福利资金得到正确使用，其福利成本管理的主要职能如表7–25所示。

表7–25 财务部福利成本管理的主要职能

序号	职能描述
1	对福利资金使用进行审核，凡不符合规范的，财务部将拒绝报销，并向总经理及时反馈
2	对员工福利费报销凭证进行审核、报销、记账，以及填制会计报表等
3	制定《员工福利费使用方案》并组织实施
4	对用于购置福利性固定资产的增资进行核算
5	为福利费支出办理批准手续

（2）人事部与采购部福利成本管理的主要职能。人事部与采购部是员工福利费的执行单位，其职责如表7–26所示。

表7–26　人事部与采购部福利成本管理的主要职能

序号	职能描述
1	人事部负责对员工福利成本进行预算，预算程序如图7–1所示
2	人事部负责制定及完善员工福利项目的执行标准，并及时通知财务部组织发放
3	采购部负责福利品的采购及发放

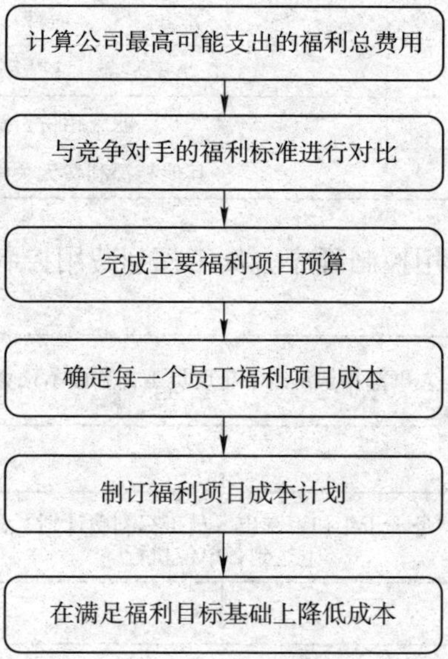

图7–1　员工福利费用预算流程

7.5.2　福利成本控制内容与程序

（1）福利费用开支范围。

过节费，包括发放的物品、节日补助（不包含加班补助）、员工节日聚餐活动费用等。

员工活动费，包括旅游费用、文体活动费用、员工联谊活动费用

（包括场地租赁费用、餐饮费用、奖品费用等）等。

员工生活用品购置费用，包括购买家具、炊具、燃气等员工集体宿舍必需的各种用品所花费的各项费用。

其他费用，包括员工困难补助费用、抚恤金、丧葬费用、工伤医疗费用、工伤补助费用、探视费用、慰问员工费用、员工体检费用等。

不应从福利费用中支出的项目如表7–27所示。

表7–27　不应从福利费用中支出的项目

序号	项目
1	员工奖金、津贴和补助支出
2	业务招待费支出
3	其他与福利费无关的各项支出

（2）员工福利费用控制程序。员工福利费用控制程序如图7–2所示。

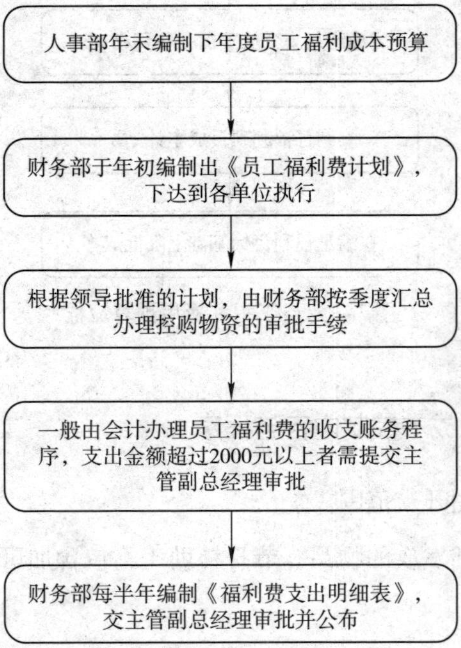

图7–2　员工福利费用控制程序

7.6 福利费用的财会处理办法

7.6.1 福利费用的会计处理办法

根据《企业会计准则第9号——职工薪酬》(2014)第六条，企业职工福利费必须在实际发生时根据实际发生额计入当期损益或相关资产成本。职工福利费为非货币性福利的，应当按照公允价值计量。

在企业福利费用的会计处理过程中，通常根据《关于企业加强职工福利费财务管理的通知》(财企〔2009〕242号)的内容进行处理，如表7-28所示。

表7-28 《关于企业加强职工福利费财务管理的通知》规定

项目	具体内容
定义	企业职工福利费是指企业为职工提供的除职工工资、奖金、津贴、纳入工资总额管理的补贴、职工教育经费、社会保险费和补充养老保险费(年金)、补充医疗保险费及住房公积金以外的福利待遇支出，包括发放给职工或为职工支付的以下各项现金补贴和非货币性集体福利
范围	(1)为职工卫生保健、生活等发放或支付的各项现金补贴和非货币性福利，包括职工因公外地就医费用、暂未实行医疗统筹企业职工医疗费用、职工供养直系亲属医疗补贴、职工疗养费用、自办职工食堂经费补贴或未办职工食堂统一供应午餐支出、符合国家有关财务规定的供暖费补贴、防暑降温费等。 (2)企业尚未分离的内设集体福利部门所发生的设备、设施和人员费用，包括职工食堂、职工浴室、理发室、医务所、托儿所、疗养院、集体宿舍等集体福利部门设备、设施的折旧、维修保养费用以及集体福利部门工作人员的工资薪金、社会保险费、住房公积金、劳务费等人工费用。 (3)职工困难补助或者企业统筹建立和管理的专门用于帮助、救济困难职工的基金支出。 (4)离退休人员统筹外费用，包括离休人员的医疗费及离退休人员其他统筹外费用。企业重组涉及的离退休人员统筹外费用，按照《财政部关于企业重组有关职工安置费用财务管理问题的通知》(财企〔2009〕117号)执行。国家另有规定的，从其规定。 (5)按规定发生的其他职工福利费，包括丧葬补助费、抚恤费、职工异地安家费、独生子女费、探亲假路费以及符合企业职工福利费定义但没有包括在本通知各条款项目中的其他支出

续表

项目	具体内容
剔除项	企业为职工提供的交通、住房、通信待遇，已经实行货币化改革的，按月按标准发放或支付的住房补贴、交通补贴或者车改补贴、通信补贴，应当纳入职工工资总额，不再纳入职工福利费管理；尚未实行货币化改革的，企业发生的相关支出作为职工福利费管理，但根据国家有关企业住房制度改革政策的统一规定，不得再为职工购建住房。 企业给职工发放的节日补助、未统一供餐而按月发放的午餐费补贴，应当纳入工资总额管理

注：剔除项是指在企业福利费用的会计处理中，这些项目不计为福利费核算而作为工资进行核算。

7.6.2 福利费用的税务处理办法

《国家税务总局关于企业工资薪金及职工福利费扣除问题的通知》（国税函〔2009〕3号）对职工福利费的列支范围进行了明确，如表7–29所示。

表7–29 《国家税务总局关于企业工资薪金及职工福利费扣除问题的通知》规定

项目	具体内容
可扣除范围	《企业所得税法实施条例》第四十条规定的企业职工福利费，包括以下内容： （1）尚未实行分离办社会职能的企业，其内设福利部门所发生的设备、设施和人员费用，包括职工食堂、职工浴室、理发室、医务所、托儿所、疗养院等集体福利部门的设备、设施及维修保养费用和福利部门工作人员的工资薪金、社会保险费、住房公积金、劳务费等。 （2）为职工卫生保健、生活、住房、交通等所发放的各项补贴和非货币性福利，包括企业向职工发放的因公外地就医费用、未实行医疗统筹企业职工医疗费用、职工供养直系亲属医疗补贴、供暖费补贴、职工防暑降温费、职工困难补贴、救济费、职工食堂经费补贴、职工交通补贴等。 （3）按照其他规定发生的其他职工福利费，包括丧葬补助费、抚恤费、安家费、探亲假路费等
核算要求	企业发生的职工福利费，应该单独设置账册，进行准确核算。没有单独设置账册准确核算的，税务机关应责令企业在规定的期限内进行改正。逾期仍未改正的，税务机关可对企业发生的职工福利费进行合理的核定

《企业所得税法实施条例》第四十条规定，企业发生的职工福利费，不超过工资薪金总额14%的部分，准予扣除。此处的“工资薪金总额”是指企业实际发生的，并且允许税前扣除的工资薪金总额，而不是会计上的工资薪金提取数总额。

“工资薪金总额”是指企业按照《国家税务总局关于企业工资薪金及职工福利费扣除问题的通知》第一条规定实际发放的工资薪金总和，不包括企业的职工福利费、职工教育经费、工会经费以及养老保险费、医疗保险费、失业保险费、工伤保险费、生育保险费等社会保险费和住房公积金。属于国有性质的企业，其工资薪金不得超过政府有关部门给予的限定数额；超过部分，不得计入企业工资薪金总额，也不得在计算企业应纳税所得额时扣除。

《国家税务总局关于企业工资薪金和职工福利费等支出税前扣除问题的公告》（国家税务总局公告2015年第34号）要求：企业福利性补贴支出税前扣除问题列入企业员工工资薪金制度、固定与工资薪金一起发放的福利性补贴，符合《国家税务总局关于企业工资薪金及职工福利费扣除问题的通知》第一条规定的，可作为企业发生的工资薪金支出，按规定在税前扣除。不能同时符合上述条件的福利性补贴，应作为文件中第三条规定的职工福利费，按规定计算限额税前扣除。

7.6.3 职工纳税申报表填报要求

按照国家税法规定，企业财务人员申报企业所得税年度纳税时，应该将企业发生职工薪酬及其相关的职工福利费支出、职工教育经费支出、工会经费支出等纳税调整项目，填报《A105050职工薪酬纳税调整明细表》，如表7–30所示。

表7-30　A105050职工薪酬纳税调整明细表

行次	项目	账载金额	实际发生额	税收规定扣除率	以前年度累计结转扣除额	税收金额	纳税调整金额	累计结转以后年度扣除额
1	一、工资薪金支出	1	2	3	4	5	6（1–5）	7（1+4–5）
2	其中：股权激励			*	*			*
3	二、职工福利费支出			*	*			*
4	三、职工教育经费支出				*			*
5	其中：按税收规定比例扣除的职工教育经费			*				
6	按税收规定全额扣除的职工培训费用							
7	四、工会经费支出				*			*
8	五、各类基本社会保障性缴款				*			*
9	六、住房公积金			*	*			*
10	七、补充养老保险			*	*			*
11	八、补充医疗保险				*			*
12	九、其他				*			*
13	合计（1+3+4+7+8+9+10+11+12）			*	*			*

注：表中带*号为必录项。

为加强企业职工薪酬的企业所得税和个人所得税比对分析，职工薪酬项目不需纳税调整的企业也需要填报《A105050职工薪酬纳税调整明细表》。具体填写要求为：

（1）在第3行“职工福利费支出”的第1列“账载金额”栏目中填报纳税人会计核算计入成本费用的职工福利费的金额。

（2）在第3列“税收规定扣除率”填报税法规定的扣除比例（14%）。

（3）在第5列“税收金额”填报按照税法规定允许税前扣除的金额，

按第1行第5列“税收金额”×14%与本表第3行第1列的孰小值填报。

（4）第6列“纳税调整金额”为第1—5列的余额。

需要指出的是，企业财务人员应该将职工福利费的扣除理解为存在上限的特定费用支出。表7-30中虽然规定了以纳税人“账载已发生的职工福利费金额”减去“按照税法规定允许税前扣除的金额（允许税前扣除的工资薪金支出×14%的孰小值）”的余额作为纳税调整减少的金额，但企业财务人员不能简单地认为“职工福利费的税收金额”就是以允许税前扣除的工资薪金支出乘以14%的积，而是应按照相关税收政策，从允许税前扣除的职工福利费的项目、金额以及支付凭证等方面对此项进行审核计算填报。

7.6.4　列支和扣除凭证处理办法

在企业福利费财会处理过程中，财务人员应该根据实际情况选择用何种单据作为职工福利费列支和扣除的支付凭证，认为所有福利费必须凭发票支付和扣除，或者认为所有福利费没有发票也能列支和扣除的想法都是不正确的。实践中，财务人员应该严格遵循相关税法、发票管理法规和财务制度的规定取得企业福利费支付凭证。

比如：购买节日发放的物品，福利部门购买的食堂用具等实物或支付的维修费用等对外发生的费用，属于应征增值税的应税劳务或货物等应税项目支出，必须有发票作为支付凭证；困难补助费、防暑降温费、福利部门职工的工资、社保费等以及食堂经费补贴等对内发生的费用，属于企业发放给职工的福利费或拨付给福利部门的经费，由于这些费用不属于增值税应税范围，可以没有发票，财务人员可凭收据等作为合法支付凭证实现税前扣除。

部分企业设有职工食堂，并免费为员工提供就餐服务，食堂购买食材、设备产生的费用就需要发票作为支付凭证。但我国农贸市场并不规范，食堂采购人员采购农副产品可能无法取得发票，部分地区税务局考虑到这种情况后，允许企业通过凭据在合理范围内扣除此类费用。当然，部分地区税务局可能没有这种规定，为避免增加税负，企业财务人员应该及时和税务局人员进行沟通。部分企业的职工食堂承包给了第三方餐饮机构，此时，企业在向该机构支付相关费用时，便需要取得发票。

CHAPTER 8 | 社保和公积金管理操作指南

8.1 社会保险管理操作指南

8.1.1 企业社保管理的基础知识

（1）社会保险的地位与特征。社会保险是我国社会保障体系的重要组成部分，在整个社会保障体系中居于核心地位，政府大力支持发展社会保险事业，建立并完善社会保险制度，为劳动者在年老、患病、工伤、事业、生育等情况下提供经济补助。社会保险是劳动者依法享有的一项社会福利，具有强制性，缴纳社会保险费是用人单位与劳动者双方的法定义务。

（2）社会保险险种。社会保险主要由养老保险、失业保险、医疗保险、工伤保险、生育保险五大险种构成。

（3）社会保险的缴费基数。用人单位和劳动者共同承担社会保险费用，主要根据劳动者所在省份上一年度全省在岗职工月平均工资确定缴费基数，部分地区以上一年度全省在岗职工月平均工资的60%~300%

为缴费基数，部分地区则以上一年度全省在岗职工月平均工资的40%~300%为缴费基数。劳动者和用人单位要按月缴纳，劳动者个人缴纳部分，由用人单位代扣代缴。

（4）社会保险缴费比例。我国各地区社会保险缴纳比例有一定差异，但绝大部分省市的缴纳比例相对较高，国务院副总理马凯曾表示："目前我国养老保险缴费水平偏高，'五险一金'已占工资总额的40%~50%。"

以上海市为例，2019年上海市社会保险缴费比例如表8-1所示。

表8-1　2019年上海市社会保险缴费比例　（%）

项目	用人单位	个人	合计
养老保险	16	8	24
医疗保险	9.50	2.00	11.50
失业保险	0.50	0.50	1.00
工伤保险	0.16~1.52	—	0.16
生育保险	1.00	—	1.00
合计	27.16	10.50	37.66

（5）个人参保险种和缴费比例。《中华人民共和国社会保险法》第十条第二款规定，"无雇工的个体工商户、未在用人单位参加基本养老保险的非全日制从业人员以及其他灵活就业人员可以参加基本养老保险，由个人缴纳基本养老保险费"。该项规定中的"基本养老保险"是指养老保险和医疗保险，目前，个人参加社会保险仅能交这两个险种。

各地规定的缴费基数及缴纳比例有所不同，一般养老保险在18%~28%的比例缴费，医疗保险一般按当地上年社会平均工资水平的6%~10%缴费。

（6）退休领取社保养老金的条件。参保人的实际缴费年限在10年以上或15年以上；参保人达到法定退休年龄。

（7）现行法定退休年龄。

女性员工：单位参保的工人为50岁；管理人员为55岁。个人参保的一律为55岁。

男性员工：一律60岁。不分工人、管理人员、单位参保、个人参保。

从事井下、高空、高温、特别繁重体力劳动或者其他有害身体健康工作的工人，常年在海拔3500米以上高原地区和常年在零摄氏度以下的冷库、生产车间等低温场所工作的工人，可以提前退休（女性员工为45岁，男性员工为55岁）。

因病或非因工致残，由医院证明并经劳动鉴定委员会确认完全丧失劳动能力的，可以提前退休（简称病退，女性员工为45岁，男性员工为50岁）。

（8）养老金的主要影响因素：退休时所在地上年度的社会平均工资、缴费年限、缴费基数、缴费金额、个人账户储存额、与退休年龄相关的计发月数。

（9）医疗保险待遇。按照我国现行法律法规，医疗保险待遇主要有以下几种：

第一，医疗期待遇。职工享受医疗保险待遇，除完全丧失劳动能力者外，只限于规定的医疗期内。医疗期的长度根据职工本人连续工龄和本单位工龄分档次确定，最短不少于3个月，最长一般不超过24个月；难以治愈的疾病，经医疗机构提出，由本人申请，劳动行政部门批准后，可适当延长医疗期，但延长期限最多为6个月。

第二，疾病津贴。疾病津贴又称病假工资。职工患病或非因工负伤，停止工作满1个月以上的，停发工资，由用人单位按其工龄长短给付相当于本人工资一定比例的疾病津贴，不得低于当地最低工资标准的80%。

第三，医疗待遇。职工一般可选择在与社会保险经办机构签订医疗保险合同的定点医院就医。其保险待遇项目主要有：规定范围内的药品费用、规定的检查费用和治疗费用、规定标准的住院费用。其中，职工个人账户用于支付小额医疗费用，社会统筹基金用于支付大额医疗费用。此外，职工供养亲属患病治疗时，一般仅就某些项目（如药费、手术费等）的医疗费用给予一定比例（一般为50%）的医疗补助。

根据《社会保险法》第三十条的规定，共有四类医疗费用不纳入基本医疗保险基金支付范围，如表8–2所示。

表8–2　不纳入基本医疗保险基金支付范围的四类医疗费用

序号	费用描述
1	应当从工伤保险基金中支付的医疗费用。职工因工负伤或者患职业病，经鉴定属于工伤的，由工伤保险基金支付相关医疗费用。职工因自身身体机理病变或者非因工负伤产生的医疗费用，一般可由医疗保险基金支付相关医疗费用
2	应当从生育保险基金中支付的医疗费用。女性职工已缴纳生育保险的，因怀孕、分娩等产生的医疗费用并非自身身体机理病变而产生的治疗医疗费，应由生育保险基金支付报销
3	应当由第三人负担的医疗费用。第三人侵权造成参保人人身伤害而产生的治疗医疗费用由侵权行为人承担，赔偿参保人的经济损失。此外，《社会保险法》第三十条第二款还规定，医疗费用依法应当由第三人负担，第三人不支付或者无法确定第三人的，由基本医疗保险基金先行支付。基本医疗保险基金先行支付后，有权向第三人追偿
4	在境外逗留期间发生的医疗费用。境外逗留期间患病治疗的医疗费用，一般由出境人员自行购买商业境外保险解决医疗费用，不属于国内基本医疗保险的支付范围

（10）其他保险待遇（见表8–3）。

表8–3　其他保险待遇

待遇类型	待遇标准
失业保险待遇	缴纳失业保险费满1年、非因本人意愿中断就业、已办理失业登记并有求职要求的失业者，可以领取失业保险金；同时享受其他失业保险待遇
工伤保险待遇	因工作遭受事故伤害，包括在上下班途中受到机动车事故伤害的职工，享受工伤医疗待遇；致残的享受伤残待遇
生育保险待遇	女职工产前检查和生产的费用，由社保按比例报销；同期参保的丈夫有一周的陪护假，假期工资由社保支付

（11）社会保险的保留、转移、退保、继承（见表8–4）。

表8–4 社会保险的保留、转移、退保、继承

项目	操作办法
保留	停保、参军、出国留学、判刑等情况的社会保险关系予以保留。之后可以再续保，前后几次个人的缴费年限和缴费金额累计计算
转移	可以同城转移单位或转为个人缴费；异地转移的需要转入地社保中心同意
退保	城镇户口的不能退保。出国定居的和农民工返乡的可以退保
继承	参保人在退休前逝世的，养老保险和医疗保险的个人账户金额由法定继承人继承

注：如有疑问，可致电劳动保障客服电话12333。

8.1.2 公司社保开户的操作步骤

◆第一步：准备材料

办理人员需要前往公司经营地（有实际办公场地）或注册地（没有实际办公场地）的社保中心办理登记，登记所需材料如表8–5所示。

表8–5 公司社保登记所需材料

序号	材料
1	单位社会保险登记（变更）表（可网上下载）
2	营业执照副本原件；公章原件；银行开户许可证原件；法人身份证原件
3	网上办事承诺书一份
4	《社会保险缴费专用卡》持卡办事承诺书一式两份
5	有实际办公场地的公司，需要去所在办公区社保中心办理，则另需提供经营地所在区房屋租赁证明或单位房产证明（复印件需加盖公章）。证明上需有明显证明，证明该办公地确实为办公所用，不能为民住房，必须为办公用房或商住两用房
6	根据单位性质需要的其他资料： （1）工商营业执照副本（原件一份，复印件两份）。 （2）分公司同时附上总公司营业执照复印件一份及授权委托书

注：（1）单位提供的复印件均需加盖单位公章确认，所以，办理人员可携带公章前往办理。

（2）所需要的表格可以到社保中心服务台领取。

（3）办理人员可先致电咨询社保中心，确认所需材料，以免遗漏。

◆第二步：到社保中心柜面办理开户登记

开户登记需要办理人携带相关材料前往社保中心挂号排队办理，相关要求如表8-6所示。

表8-6 社保中心办理开户登记相关要求

序号	具体要求
1	符合办理规定，社保经办机构打印相应《核定表》一式两份，单位经办人签名确认后，与社保经办机构各执一份。社保经办机构打印《社会保险缴费卡领取通知书》一份交单位经办人
2	材料不全，社保经办机构打印《业务登记回执》一式两份，单位经办人签名确认后，与社保经办机构各执一份。社保经办机构将全部材料退还
3	不符合办理规定，社保经办机构打印《业务告知单》一式两份，单位经办人签名确认后，与社保经办机构各执一份。社保经办机构将全部材料退还
4	办理完开户手续后，社保机构会为申办人员提供一个社保登记证书和一份办理《社会保险缴费专用卡》所需材料的说明，此卡用于信息查询和缴费；同时建议开通网上办事功能

◆第三步：备好材料到银行办理

如果办理人选择企业银行基本户代扣，可省略此步骤。在社保中心办理相关手续时，柜台人员会发给办理人一些表格，办理人按照实际情况填写并签字盖章，然后携带这些表格以及表格上要求提供的证件及复印件前往指定银行办理即可。银行审核相关资料后，即可为办理人办理《社会保险缴费专用卡》，办理时间一般为10～15个工作日，同时收取数额不等的工本费。

◆第四步：办理用工备案登记

公司通过公司法人一证通或社保ukey登录当地人力资源社会保障网，完成需要缴纳社保员工的相关信息登记后，即完成公司社保开户。

8.1.3 公司社保销户的操作步骤

按照我国现行法律法规，社会保险缴费人办理参保登记后，如发生以下情形之一的，必须办理社会保险登记注销手续：

（1）缴费人发生解散、破产、撤销、合并以及其他情形的。

（2）按规定不需要在工商行政管理机关办理注销登记的缴费人，经有关主管机关批准或宣布终止、解散的。

（3）缴费人按规定在工商行政管理机关办理注销登记或被工商行政管理机关吊销营业执照的。

缴费单位发生解散、破产、撤销的，须经有关部门批准后30日内；因其他情形终止缴费的，须在缴费义务终止之日起30日内，持相关资料到所在地地方税务机关办理社会保险缴费资料注销登记。

◆所需递交的材料

缴费人应在规定的期限内申请办理注销税务登记，填写《注销税务登记申请审批表》（见表8-7）、《注销社保缴费登记申请审批表》（见表8-8），并按注销税务登记的业务要求附送相关资料。

表8-7　注销税务登记申请审批表

纳税人名称		纳税人识别号	
注销原因			
附送资料			
办税员：	法定代表人（负责人）：	纳税人（签章） 年　月　日	
以下由税务机关填写			
受理时间	经办人： 年　月　日		
清缴税款、滞纳金、罚款情况	经办人： 年　月　日		
缴销发票情况	经办人： 年　月　日		
税务检查意见	检查人员： 年　月　日		

续表

收缴税务证件情况	种类	税务登记证正本	税务登记证副本		
	收缴数量				
	经办人：		负责人： 年 月 日		
批准意见	部门负责人：		税务机关（签章） 年 月 日		

注：（1）本表依据《征管法实施细则》第十五条设置。

（2）适用范围：纳税人发生解散、破产、撤销、被吊销营业执照及其他情形而依法终止纳税义务，或者因住所、经营地点变动而涉及改变税务登记机关的，向原税务登记机关申报办理注销税务登记时使用。

（3）填表说明：

① 附送资料：填写附报的有关注销的文件和证明资料；

② 清缴税款、滞纳金、罚款情况：填写纳税人应纳税款、滞纳金、罚款缴纳情况；

③ 缴销发票情况：纳税人发票领购簿及发票缴销情况；

④ 税务检查意见：检查人员对需要清查的纳税人，在纳税人缴清查补的税款、滞纳金、罚款后签署意见；

⑤ 收缴税务证件情况：在相应的栏内填写收缴数量并签字确认，收缴的证件如果为“临时税务登记证”，添加“临时”字样。

（4）本表为A4型竖式，一式两份，税务机关一份，纳税人一份。

表8-8 注销社保缴费登记申请审批表

参保单位电脑编码			
参保单位社保编码			
参保单位名称		地址	
注销原因			
批准机关及文号			
有关缴费事项是否均已结清			

续表

<table>
<tr><td colspan="5">以下由地方税务机关填写</td></tr>
<tr><td>实际经营期限</td><td colspan="4"></td></tr>
<tr><td>结算清缴费款</td><td colspan="4"></td></tr>
<tr><td rowspan="2">封存
发放证件</td><td>种类</td><td>社会保险
登记证</td><td>社会保险
登记证副本</td><td>其他有关证件</td></tr>
<tr><td>收缴
情况</td><td></td><td></td><td></td></tr>
<tr><td colspan="2">主管地方税务机关意见：

（公章）
年　月　日</td><td>批准
意见</td><td colspan="2">审批地方税务机关意见：

（公章）
年　月　日</td></tr>
</table>

注：本表一式三份，地方税务机关审核后，留存一份，送社保经办机构两份。

◆办事流程

（1）申请。缴费人应在规定的期限内申请办理注销税务登记，填写《注销税务登记申请审批表》《注销社保缴费登记申请审批表》，并按注销税务登记的业务要求附送相关资料。

（2）受理。税务登记机关登记部门受理缴费人填报的表格，审阅其填写表格是否符合要求，资料是否齐全。

（3）审核。注销社保缴费登记：地方税务机关对缴费人填报的《注销社保缴费登记申请审批表》（见表8-8）有关材料进行审核，检查是否缴清费款、滞纳金、罚款。

注销税务登记：地方税务机关按注销税务登记的业务流程，对缴费人填报的《注销税务登记申请审批表》审核。

（4）录入资料。对已核准注销登记的缴费人，地方税务机关在大集中系统录入资料，录入时应先录入应注销社保缴费登记信息，后录入注销税务登记信息。

上述事项办完后，地方税务机关给缴费人下达《注销社保缴费登记通知书》《注销税务登记通知书》。

（5）资料归档。将缴费人有关注销登记资料整理归档。

（6）注销社保参保登记。地方税务机关完成注销社保缴费登记后，定时将数据传递给社会保险经办机构；缴费人凭地方税务机关下达的《注销社保缴费登记通知书》到社会保险经办机构申请办理注销参保登记。

以灵活就业方式缴费的个人（即灵活就业人员）也按同样的办法办理。

8.1.4 职工社会保险的办理流程

办理社保需填报的表格及附报资料包括企业营业执照、组织机构代码证、地税登记证、身份证复印件等；填表内容有税号、工商登记执照信息、开户银行等；《在职职工增减异动明细表》需填写姓名、性别、出生年月等。

（1）需要填报的表格及附报资料。在所管辖社会保险经办机构领取《社会保险登记表》（见表8-9）及《在职职工增减异动明细表》（包括增加表和减少表，一式两份，见表8-10、表8-11）。

表8-9 某城市社会保险登记表

缴费单位（公章）		单位编号		区管号	
组织机构统一代码					
缴费单位名称				电话	

续表

<table>
<tr><td colspan="2">单位住所（地址）</td><td colspan="3"></td><td>税号</td><td colspan="2"></td></tr>
<tr><td rowspan="2">工商登记执照信息</td><td>执照种类</td><td colspan="3"></td><td>执照号码</td><td colspan="2"></td></tr>
<tr><td>发照日期</td><td colspan="3"></td><td>有效期限</td><td colspan="2"></td></tr>
<tr><td rowspan="2">批准成立信息</td><td>批准单位</td><td colspan="3"></td><td>批准日期</td><td colspan="2"></td></tr>
<tr><td>批准文号</td><td colspan="6"></td></tr>
<tr><td rowspan="2">法定代表人或负责人</td><td>姓名</td><td colspan="3"></td><td>电话</td><td colspan="2"></td></tr>
<tr><td>身份证号</td><td colspan="6"></td></tr>
<tr><td rowspan="2">缴费单位专管员</td><td>姓名</td><td colspan="3"></td><td>电话</td><td colspan="2"></td></tr>
<tr><td>电子邮箱</td><td colspan="3"></td><td>QQ号</td><td colspan="2"></td></tr>
<tr><td>单位类型</td><td></td><td>经济类型</td><td></td><td>录属关系</td><td></td><td>单位状态</td><td></td></tr>
<tr><td>经济状态</td><td></td><td>征缴方式</td><td colspan="2"></td><td>行业代码</td><td colspan="2"></td></tr>
<tr><td colspan="2">主管部门或总机构</td><td colspan="6"></td></tr>
<tr><td>户名</td><td></td><td>开户银行</td><td colspan="2"></td><td>银行账号</td><td colspan="2"></td></tr>
<tr><td rowspan="6">参加险种及日期</td><td colspan="2">参加险种</td><td colspan="3">参加日期</td><td colspan="2">社保经办人（章）</td></tr>
<tr><td colspan="2">基本养老保险</td><td colspan="3"></td><td colspan="2"></td></tr>
<tr><td colspan="2">基本医疗保险</td><td colspan="3"></td><td colspan="2"></td></tr>
<tr><td colspan="2">失业保险</td><td colspan="3"></td><td colspan="2"></td></tr>
<tr><td colspan="2">工伤保险</td><td colspan="3"></td><td colspan="2"></td></tr>
<tr><td colspan="2">生育保险</td><td colspan="3"></td><td colspan="2"></td></tr>
<tr><td colspan="2">登记原因</td><td colspan="6">新参保（ ） 统筹范围转入（ ） 跨统筹范围转入（ ）
单位分立（ ） 单位合并（ ）</td></tr>
<tr><td colspan="2">社会保险登记证编号</td><td colspan="6"></td></tr>
<tr><td colspan="2">社会保险经办机构审核意见</td><td colspan="6">经办人： 局社保经办机构（章）： 局社保科（章）：</td></tr>
</table>

注：本表报电子表格及纸质表格；本表一式三份，局社保科、各社保经办机构、参保单位各一份。

表8-10　某城市在职职工增加明细表

填报单位（公章）												
组织机构代码												
社会保险登记证编码												
组织机构代码	*姓名	性别	*身份证号	缴费人员类别	*停止缴费（支付）险种					*个人停止缴费（支付）原因		*职工社会保险工资
					社会保险登记证编码	失业	工伤	生育	医疗	四险	医疗	

单位负责人：　　　　　　　　　　社保经（代）办机构经办人员（签章）：

单位经办人：

填报日期：　年　月　日　　　　　办理日期：　年　月　日

注：（1）表中带*号项目为必录项，其他有前提条件的必录项请参考指标解释。

（2）四险按收缴业务、支付业务分别填报。

表8-11　某城市在职职工减少明细表

填报单位（公章）											
组织机构代码											
社会保险登记证编码											
序号	*姓名	性别	*身份证号	缴费人员类别	*停止缴费（支付）险种					*个人停止缴费（支付）原因	
					养老	失业	工伤	生育	医疗	四险	医疗

续表

单位负责人：	社保经（代）办机构经办人员（签章）：
单位经办人：	
填报日期：　年　月　日	办理日期：　年　月　日

注：（1）表中带*号项目为必录项，其他有前提条件的必录项请参考指标解释。

（2）四险按收缴业务、支付业务分别填报。

所需相关材料包括以下几项：

企业营业执照（副本）或其他核准执业或成立证件。

中华人民共和国组织机构代码证。

地税登记证。

对于私营企业，如相关证件无法清楚地认定其单位性质，应补报能证明其私营性质的相关资料（如工商部门的证明、国税登记证、验资报告等）。

事业单位应附有关事业单位成立的文件批复。

驻地办事处应附总公司或总机构的授权书。

此外，新参保职工需提供身份证复印件（户口不在本市的职工还需提供户口或者暂住证复印件）。以上证件同时需要原件及复印件，到所在社保经办机构办理。

办理人员首先应确认营业执照是在哪一级工商局注册（分省、市、区，以营业执照上的章为准），然后到相关的社保部门办理。

办理时间通常为每月5—20日，携带营业执照（正副本）原件、复印件，组织机构代码证（正副本）原件、复印件，法人身份证复印件，公章，开户许可证原件、复印件，员工劳动合同，员工身份证复印件，到相关部门领取开户表填写后申请办理。

8.1.5 职工社会保险的补缴流程

由于各种因素，部分企业经营中会出现员工社保漏缴、断缴情况，而《劳动法》第七十二条明确规定：用人单位和劳动者必须依法参加社会保险，缴纳社会保险费。那么，企业应该如何为这些员工补缴社保呢？

（1）企业补缴社保注意事项。

社保计算累计年限，员工缴纳社保累计满15年，年龄达退休要求的，企业就不需要为其补缴社保。

以个人名义参保的，如果漏缴不能够进行补缴。只有企业单位原因造成的漏缴才能够进行社保补缴，并且补缴五险。如果单位没有做申报（没有给开户）的，便只能补缴养老保险。

（2）企业补缴社保所需材料。以北京市为例，北京市企业补缴社保所需材料包括以下几项：

单位营业执照复印件。

《北京市补缴基本养老保险费申办单》（见表8-12）。

表8-12 北京市补缴基本养老保险费申办单

单位名称（公章）： 组织机构代码：	
补缴人员姓名	
补缴人员身份证号	
补缴起止期限及基数	____年__月起至____年__月止，小计__个月；基数：
	____年__月起至____年__月止，小计__个月；基数：
	____年__月起至____年__月止，小计__个月；基数：
	____年__月起至____年__月止，小计__个月；基数：
	____年__月起至____年__月止，小计__个月；基数：
	____年__月起至____年__月止，小计__个月；基数：
	____年__月起至____年__月止，小计__个月；基数：
	总计：____个月

续表

个人确认	请将“本人对以上数据信息确认无误”抄写至横线处。 本人签字：	填写日期：	
社保中心意见及盖章：	核查意见 核查人：	核查日期：	
	业务复审人：	办理日期：	盖章：
	业务复审人：	办理日期：	盖章：

注：（1）申请补缴2011年7月（含）以后超过三个月的社会保险时请附：申请补缴人员的户口簿复印件；补缴期间的相应工资收入明细的复印件；《劳动合同》复印件；个人纳税信息查询结果。

（2）此表一式三份，单位及社保中心核查及业务各留存一份。

《北京市社会保险补缴明细表》。

《基本医疗保险基金补缴情况表》。

“北京市社会保险信息系统企业管理子系统”报盘生成数据文件的U盘。

工资支付凭证原件。

《劳动合同》原件。

（3）企业补缴社保流程。仍以北京市为例，北京市企业补缴社保流程如下：

用人单位通过社会保险经办机构或北京市社会保险网上服务平台下载用人单位及职工相关参保信息，并导入本地“北京市社会保险信息系统企业管理子系统”。

用人单位通过“北京市社会保险信息系统企业管理子系统”录入补缴明细。

用人单位补缴录入完成，导出补缴报盘文件并打印出《北京市社会保险补缴明细表》《基本医疗保险补缴情况表》各一式三份，加盖公章。

职工在参保期间，因工作单位变动等中断社会保险关系需补缴近三个月社会保险费时，用人单位可直接通过“北京市社会保险信息系统企业管理子系统”报盘，并打印相关补缴明细表进行申报。补缴超过三个月社会保险费的，需要用人单位提供补缴期间与职工存在劳动（聘用）关系的证明、工资收入凭证，其中人力资源和社会保障行政部门审批的养老保险补缴还需携带相关审批材料。

8.2 住房公积金管理操作指南

8.2.1 公积金开户程序与所需资料

住房公积金是指国家机关和事业单位、国有企业、城镇集体企业、外商投资企业、城镇私营企业及其他城镇企业和事业单位、民办非企业单位、社会团体及其在职职工，对等缴存的长期住房储蓄。那么，企业应该如何办理住房公积金开户呢？下面以武汉市为例，详解企业公积金开户程序及所需资料。

（1）新设立单位办理住房公积金缴存登记时间。新设立的单位应当自设立之日起30日内，到本地住房公积金管理中心（以下简称“管理中心”）或其分支机构办理住房公积金缴存登记，并自登记之日起20日内，持《单位住房公积金缴存登记表受理回单》及需向银行提供的相关资料，到住房公积金缴存银行为本单位职工办理职工个人住房公积金账户设立手续。

（2）新设立的单位建立住房公积金制度流程。申报单位先到管理中心或其分支机构进行缴存登记，填报《单位住房公积金缴存登记表》（如表8-13所示）并盖单位公章。

表8-13　武汉市单位住房公积金缴存登记表

（单位盖章）　　　　　　　　　　　　年　　月　　日

<table>
<tr><td>单位全称</td><td colspan="3"></td><td>组织机构代码证号</td><td></td></tr>
<tr><td>单位地址</td><td colspan="5"></td></tr>
<tr><td>邮政编码</td><td></td><td>办公电话</td><td></td><td>所在行政辖区代码</td><td></td></tr>
<tr><td>联系人</td><td></td><td>发薪日期</td><td></td><td>单位成立日</td><td></td></tr>
<tr><td rowspan="2">法定代表人
或负责人</td><td rowspan="2"></td><td rowspan="2">法定代表人
或负责人身
份证号码</td><td rowspan="2"></td><td>联系电话</td><td></td></tr>
<tr><td>手机号码</td><td></td></tr>
<tr><td rowspan="2">单位经办人</td><td rowspan="2"></td><td rowspan="2">经办人身份
证号码</td><td rowspan="2"></td><td>联系电话</td><td></td></tr>
<tr><td>手机号码</td><td></td></tr>
<tr><td>隶属关系</td><td colspan="5">□中直　□省属　□市属　□区属　□县属　□驻汉办</td></tr>
<tr><td>单位性质</td><td colspan="5">□1. 国家机关　□2. 国有企业　□3. 城镇集体企业
□4. 外商投资企业　□5. 城镇私营企业　□6. 其他城镇企业
□7. 事业单位　□8. 民办非企业　□9. 社会团体</td></tr>
<tr><td>经营行业</td><td colspan="5">□A. 农、林、牧、渔业　□B. 采掘业　□C. 制造业　□D. 电力、煤气及水的生产和供应业　□E. 建筑业　□F. 交通运输、仓储和邮政业　□G. 信息传输、计算机服务和软件业　□H. 批发和零售业　□I. 住宿和餐饮业　□J. 金融业　□K. 房地产业　□L. 租赁和商务服务业　□M. 科学研究、技术服务业和地质勘查业　□N. 水利、环境和公共设施管理业　□O. 居民服务和其他服务业　□P. 教育　□Q. 卫生、社会保障和社会福利业　□R. 文化、体育和娱乐业　□S. 公共管理和社会组织　□T. 国际组织</td></tr>
<tr><td>经营类型</td><td colspan="5">□100. 内资　□110. 国有全资　□120. 集体全资　□130. 股份合作　□140. 联营　□141. 国有联营　□142. 集体联营　□143. 国有与集体联营　□149. 其他联营　□150. 有限责任公司　□151. 国有独资公司　□159. 其他有限责任公司 □160. 股份有限公司　□170. 私有　□171. 私营独资　□172. 私营合伙　□173. 私营有限责任公司　□174. 私营股份有限公司　□175. 个体经营　□179. 其他私有　□190. 其他内资　□200. 港澳台投资　□210. 内地和港澳台合资　□220. 内地和港澳台合作　□230. 港澳台独资　□240. 港澳台投资股份有限公司　□290. 其他港澳台投资　□300. 国外投资　□310. 中外合资　□320. 中外合作　□330. 外资　□340. 国外投资股份有限公司　□390. 其他国外投资　□900. 其他</td></tr>
<tr><td>缴存比例</td><td colspan="3">单位：　　　　个人：</td><td>缴存职工人数</td><td></td></tr>
<tr><td>起始缴存
年月</td><td colspan="3">年　月</td><td>职工工资总额</td><td></td></tr>
</table>

续表

单位申报资料	□单位设立批准文件 □法人证书副本 □营业执照副本 □组织机构代码证副本 □法定代表人或负责人身份证明 □经办人身份证

注：(1) 新设立的单位应当自设立日起30日内到武汉住房公积金管理中心办理公积金缴存登记，领取本表。经武汉住房公积金管理中心审核批准后，单位持《单位住房公积金缴存登记表》到受委托银行为单位职工办理住房公积金账户设立手续。

(2) 办理住房公积金缴存登记需附的相关资料：企业单位营业执照副本及复印件，行政事业单位及其他机构批准设立的批文原件及复印件；法人代码证原件及复印件；单位上一年度或者上月的会计报表，单位在职职工工资名册。

(3) 本表一式两份，由单位填写并加盖单位公章，交武汉住房公积金管理中心受理登记后，武汉住房公积金管理中心留存一份，单位留存一份。

(4) 所在行政辖区代码：01江岸；02江汉；03硚口；04汉阳；05武昌；06洪山；07青山；08东西湖；09沌口开发区；10黄陂；11新洲；12江夏；13蔡甸；14东湖开发区。

(5) 所有选项，在选定项目前的□内打"√"。

(6) 缴存比例范围最低不低于职工上年度月均工资的8%，不超过职工上年度月均工资的12%，办理缴存登记单位可根据该单位经济条件确定。

(7) 单位申报资料需提供原件及A4规格复印件各一份。

管理中心或其分支机构按规定对申报单位进行审核，并核定单位住房公积金起缴时间、缴存职工人数、缴存比例和住房公积金经办银行，审核通过后出具《单位住房公积金缴存登记表受理回单》。

申报单位凭《单位住房公积金缴存登记表受理回单》等资料前往缴存银行为本单位职工办理职工个人住房公积金账户设立手续。

(3) 企业到管理中心或其分支机构办理单位住房公积金缴存登记所需资料。

《组织机构代码证》副本原件及复印件。

《企业法人营业执照》副本原件及复印件（无法人资格的企业，提供企业营业执照副本原件及复印件），行政事业单位及其他机构批准设立的批文原件及复印件。

法定代表人或负责人身份证、经办人员身份证原件及复印件。

单位缴存职工工资表（加盖单位公章）。

单位上一年度或者上月的会计报表（加盖单位公章）。

《单位住房公积金缴存登记表》（加盖单位公章）。

（4）到住房公积金缴存银行办理职工个人账户设立手续所需资料。

单位申请开立住房公积金核算户应向缴存银行提供的资料。

A. 管理中心或其分支机构审核批准的《单位住房公积金缴存登记受理回单》。

B. 从住房公积金缴存行领取并填写的《住房公积金汇缴清册》《印鉴卡》。

C.《企业法人营业执照》正本原件及复印件（无法人资格的企业，提供企业营业执照正本原件及复印件），行政事业单位及其他机构批准设立的批文原件及复印件。

D. 法定代表人或负责人身份证、经办人员身份证原件及复印件。

E. 单位公章、单位财务专用章、法人或财务负责人印章和法人授权书。

F. 人民银行核发的《开户许可证》。

为本单位职工办理个人住房公积金账户应向银行出具的资料。

A. 盖有单位预留银行印章的职工《住房公积金汇缴清册》。

B. 职工身份证复印件。

（5）企业住房公积金账户登记事项变更手续。

缴存单位名称、组织机构代码证、法定代表人等登记事项变更的，应自发生变更之日起30日内，到管理中心或其分支机构办理单位基本信息变更登记。申办单位应带资料包括以下几项：

A. 证明变更事由的上级主管单位的相应批复文件或工商管理部门出具的企业变更通知书。

B. 国家质量技术监督部门颁发的组织机构代码证副本。

C. 变更后的《企业法人营业执照》副本。

D. 法定代表人和经办人员身份证。

E. 单位盖章的《单位基本信息变更登记表》。

经管理中心或其分支机构审核同意基本信息变更的，由单位持《单位信息变更申请表回单》到缴存银行办理单位印鉴更换手续。

（6）单位合并、撤销、解散或破产时应办理的手续。

应当自发生上述情况之日起30日内持相关证明文件及资料，由原单位或者清算组织到管理中心或其分支机构办理单位住房公积金账户注销登记。

经管理中心或其分支机构审核同意注销单位账户的，单位应持《单位住房公积金账户注销登记受理回单》，为职工办理住房公积金提取、转移、集中托管手续。申办单位应携带的资料包括以下几项：

A. 上级主管单位对单位合并的相应批复或单位注销原因的合法证明资料（税务或工商管理部门的注销通知、上级主管部门批准撤销或法院宣告破产的裁定书）。

B. 法定代表人授权书和经办人员身份证。

C. 单位盖章的《单位住房公积金账户注销登记表》。

8.2.2 公积金增减员和补缴流程

（1）住房公积金增员流程。第一，单位新开户增员。使用数字证书在“北京住房公积金网上业务系统——认证用户”登录，“汇缴”模块选择相对应的缴费方式录入增员，录入完成后“校验”，无误后进行“申报确认”；待公积金中心审批通过后，携带转账支票或者现金去公积金中心缴费。第二，普通增员。使用数字证书在“北京住房公积金网上业务系统——认证用户”登录，“汇缴”模块选择相对应的缴费方式录入增员，录入完成后“校验”，无误后进行“申报确认”；根据单位选定的缴费方式做好预算，公积金中心审批通过后，进行缴费。

（2）住房公积金减员流程。第一，普通减员。使用数字证书在“北京住房公积金网上业务系统——认证用户”登录，“汇缴”模块选择相对应的缴费方式录入减员，录入完成后“校验”，无误后进行“申报确认”，公积金中心审批通过，即减员完成。第二，最后一人减员。

A. 单位登记注销。

①注销登记前，单位须为职工办理个人住房公积金账户的封存及转移手续：单位填制《住房公积金转移申请书》及《住房公积金转移清册》，将所属职工转入新单位或转入集中封存库封存；具体程序见“封存”及“转出”程序。

②转移手续办妥后，单位及个人住房公积金账户不得留有余额。

③原单位或清算组织持《单位账户注销登记表》一份，经单位法定代表人签字，在规定的时限内到开户管理部办理注销登记手续。

④管理部接柜人员审核无误后，将《单位账户注销登记表》信息录入系统。

⑤管理部接柜人员打印《单位账户注销登记表》，经单位经办人核对无误签字后，盖章交单位经办人，单位填制的《单位账户注销登记表》由管理部留存。

⑥管理部应将《单位账户注销登记表》与该单位的登记及开户资料一同存放。

⑦管理部办理完单位账户注销登记后，应在系统单位状态管理中进行单位注销操作，将该单位状态变更为注销状态。

B. 单位合并、分立、撤销、解散或者破产。

①应提供有关部门出具的文件原件及复印件，如上级部门批准文件、

人民法院破产裁定、公司决议、工商管理部门责令关闭文件等。

②单位注销登记办理人身份证原件及复印件。

③单位填制的住房公积金管理中心统一印制的《单位账户注销登记表》一份，由单位法定代表人签字。

（3）住房公积金补缴流程。

近三个月的：直接在网上申报系统申报补缴，申报确认公积金中心审批通过即可。

超过三个月的：在网上申报系统申报确认后，需另附补缴原因说明，报补缴说明及员工个人社保缴纳证明（社保网个人登录定制版本）一份，加盖单位公章送达公积金中心柜台审批。

8.2.3 公积金提取规定与所需材料

职工有下列情形（见表8-14）之一的，可以提取住房公积金账户内的存储余额（含公司缴存部分和个人缴存部分）。由人事专员指导员工按照相关流程向住房公积金管理中心申请支付。

表8-14 提取公积金适用情形

序号	适用情形
1	购买、建造、翻建、大修自住住房
2	偿还购建自住住房贷款本息
3	租赁自住住房，房租超出家庭工资收入规定比例的15%
4	离休、退休的或达到法定退休年龄
5	出境定居
6	职工死亡、被宣告死亡
7	享受城镇最低生活保障
8	完全或部分丧失劳动能力，并与单位终止劳动关系
9	户口迁出本市行政区域，并与单位终止劳动关系

续表

序号	适用情形
10	与单位终止劳动关系，未重新就业满五年
11	在职期间被判刑，并与单位终止劳动关系
12	非本市常住户口或本市农业户口的，并与单位终止劳动关系
13	本人、配偶及其父母、子女患慢性肾衰竭（尿毒症）、恶性肿瘤、再生障碍性贫血、慢性重型肝炎、心脏瓣膜置换手术、冠性动脉旁路手术、颅内肿瘤开颅摘除手术、重大器官移植手术、主动脉手术九种重大疾病

符合上述情形之一的员工，应提供本人身份证、公积金联名卡、公积金提取申请表（加盖单位财务章、托管户或集中管理户不加章）以及相关证明材料。已办理公积金联名卡的员工可由其直系亲属代为领取（需要提供经办人身份证及关系证明）。不同情形所需提供的相关证明材料存在一定差异，下面逐一进行详细分析。

（1）员工购买新建商品住房或经济适用住房时需要提供的材料。有效期两年内的经房管部门备案的购房合同或者有效期两年内的房屋所有权证二者任选一项。提供购房合同的，携带原件，用A4纸复印第2、第4、第16页内容一份；提供房屋所有权证的，携带原件，用A4纸复印发证机关签章页、产权信息页、发证日期页各一份。

两年内的购房发票或者契税完税凭证（携带原件，用A4纸复印一份）。异地购房的，提供的购房发票能在地税网上查询到相关信息。

（2）员工购买二手房时需要提供的材料。有效期两年内的房屋所有权证、购房发票或契税完税凭证；一次性付款购房的，在有效期两年内只能提取一次，再次购房可重新提取。

（3）员工建造、翻建住房时需要提供的材料。市区：提供国有土地使用证、建设用地规划许可证、建设工程规划许可证、有效期两年内建房支付费用的凭证（发票或收据）。农村：提供宅基地使用证、乡村建设规划许可证、有效期两年内建房支付费用（发票或收据）。

（4）员工大修自住住房时需要提供的材料。房管部门出具的房屋安全鉴定证明、房屋权属证明及有效期两年内大修支付费用凭证（发票或收据）。

（5）员工偿还住房贷款本息时需要提供的材料。

偿还公积金贷款。提供公积金借款合同、银行（或公积金中心）出具的已归还贷款的明细单；办理的公积金贷款只提供身份证、申请表、龙卡。

偿还商业贷款。提供购房借款合同、购房合同、银行出具并加盖银行印章的已归还贷款的明细单。提取金额为上次提取与本次提取之间已偿还贷款的本息金额。

（6）员工购买拆迁安置房时需要提供的材料。提供拆迁通知（拆迁批准文件）、拆迁安置协议、有效期两年内的结算清单或收据；提取金额不能超过支付补差房款的金额。易地拆迁安置房未取得房屋所有权证之前，不得提取住房公积金。

（7）员工购买单位集资或房改房时需要提供的材料。建房或出售公有住房批复、有效期两年内的发票（收据）、购房人员名单；提取金额不能超过支付房款的金额。

（8）员工房租超出家庭工资收入规定比例（通常为15%）时需要提供的材料。经房管部门登记备案的房屋租赁合同和户口簿、税务机关开具的有效期两年内的房屋租赁专用发票（不能超过一年租期的租金）；单位出具的无房证明、家庭收入证明（含配偶及同户居住的成年子女的收入证明）。

$$支付房租提取额=（月住房租金-月家庭收入\times15\%）\times支付房租月数$$

（9）员工离休、退休时需要提供的材料。退休证或退休审批表。已到法定退休年龄无退休证明的，提供身份证。

（10）员工与单位终止劳动关系时需要提供的材料。

完全丧失劳动能力，提供与单位解除劳动关系证明、县（市）以上劳动鉴定委员会出具的劳动能力鉴定证明（一至四级）。

非本市常住户口或本市农业户口的，提供《居民户口簿》、与用人单位终止劳动关系证明；农业户口的须持有“农业家庭户”户口簿或注明“粮农”字样。

未重新就业满五年的，提供失业证或下岗证、再就业优惠证及未重新就业证明和与单位终止劳动关系证明。

在职期间被判刑的，提供司法部门出具的判决书和与用人单位终止劳动关系证明。

（11）员工出境定居或户口迁出本市行政区域时需要提供的材料。

迁出本市行政区域的，提供户口所在地公安机关出具的户口迁移证、与用人单位终止劳动关系证明。

出境定居的，提供户口注销证明或出境定居的证明、与用人单位终止劳动关系证明。

（12）员工死亡、被宣告死亡时其合法继承人需要提供的材料。

由其合法继承人或受遗赠人提供缴存人死亡证明或被宣告死亡证明、继承人或受遗赠人身份证、继承权或受遗赠权证明、公证书，提取金额凭公证的遗赠、继承证明，转入受遗赠人、继承人账户。

不能提供上述证明的，由职工所在单位代办，提供缴存人死亡证明或被宣告死亡证明、单位开户银行账号、经办人身份证明，提取金额划入单位提供的财务账户。

（13）员工享受最低生活保障时需要提供的材料。民政部门发放的最低生活保障证明（低保证）。

（14）员工本人、配偶及其父母、子女患重大疾病时需要提供的材料。重大疾病包括慢性肾衰竭（尿毒症）、恶性肿瘤、再生障碍性贫血、慢性重型肝炎、心脏瓣膜置换手术、冠性动脉旁路手术、颅内肿瘤开颅摘除手术、重大器官移植手术、主动脉手术。需提供的材料包括：职工提供县（市）级以上医院盖章确认的病历证明、提取申请人与患者之间的关系证明、住院证明及有效期两年内的费用凭证（医院专用发票）；市级以上医院盖章确认的病历证明、提取申请人与患者之间的关系证明、住院证明及有效期两年内的费用凭证（同上）。

8.2.4 职工住房公积金管理制度

（1）目的。为加强住房公积金规范管理，建立健全公司住房公积金制度，切实保障员工住房公积金的合法权益，根据政府公布的《住房公积金管理条例》等文件，××公司特制定职工住房公积金管理制度。

（2）缴存主体。公司根据政府相关规定，依法为与本公司签订劳动合同的在职职工缴纳住房公积金，出于个人原因无法参加住房公积金的员工，需向人事部说明理由并提供相关证明材料。

（3）住房公积金权属。公司为员工缴存的住房公积金以及员工个人缴存部分都属员工个人。

（4）管理职责。

公司总经理、各部门经理、财务人员、人事专员、员工代表组成的工作组研究确定公司住房公积金管理办法、缴存比例等住房公积金管理政策。

人事部负责住房公积金的开户、核算、转移、封存、注销等日常管理业务。

财务部负责住房公积金扣款数据审核、付款等业务。

（5）缴费基数及缴存比例。住房公积金的缴费基数按职工上年度12个月的工资总额计算，国家规定单位及个人的缴存比例可在5%～12%自行选择，个人缴存比例应等于或高于单位缴存比例。本公司员工个人缴纳及公司为员工缴纳的住房公积金缴存比例均为8%。

（6）缴费方式。员工住房公积金中公司缴纳部分由公司委托银行代缴，个人缴费部分从员工工资中代扣并由公司代缴。

（7）住房公积金的新增与停缴。

公司人事部负责对符合条件的员工办理住房公积金新增或转移手续，员工个人原因导致无法办理住房公积金的，由员工个人承担责任。

对于办理住房公积金转入程序的员工，如果其原单位缴费基数和本公司缴费基数不同且暂时不能调整的，可暂延原缴费基数，但超出部分的费用应由员工个人承担。

员工按规定办理离职手续后，人事部自收到经审批通过的《离职审批表》之日起，便为员工办理住房公积金停缴手续。如果人事部收到《离职审批表》的时间在当月15日前，公司将当月为员工办理停缴，15日之后的，则次月停缴。如果员工未按规定提前提交辞职申请，导致公司无法及时为其停缴住房公积金时，由此产生的缴纳费用由员工个人承担。